# DESCRIPTION

## GEOGRAPHIQUE ET HISTORIQUE

## DE L'ISLE DE CORSE,

Avec des Cartes particulieres de ses Provinces, & des Plans des principaux Ports &
Mouillages.

*Par le Sieur* BELLIN, *Ingénieur de la Marine,*
1769.

LE but que je me suis proposé dans cet Ouvrage,
est de le rendre également utile pour la Terre & pour la
Mer, c'est-à-dire aux Officiers de terre & aux Marins;
étant certain que la connoissance exacte & détaillée du

local, est aussi nécessaire aux uns comme aux autres, puisque leur sûreté & la réussite de leurs entreprises en dépendent.

Pour y parvenir, j'ai rassemblé tous les Mémoires que j'avois lieu de croire les plus exacts sur la Corse ; & plusieurs Officiers qui y servoient les précédentes Campagnes, m'en ont fournis de très détaillés sur différentes parties.

J'ai eu communication des Opérations Géographiques qui ont été faites dans l'intérieur de l'Isle par les Ingénieurs, & des Cartes qu'ils en avoient levées.

A l'égard du détail des Côtes, je le dois aux Officiers des Vaisseaux du Roi, qui ont commandé les Bâtimens destinés pour le service dans ces parages, où ils ont fait beaucoup de remarques utiles à la Navigation, & levé les Plans de plusieurs Bayes, Ports & Mouillages.

Enfin, je n'ai rien négligé pour m'instruire, & pour rendre cet Ouvrage le plus utile qu'il seroit possible pour le présent.

C'est dans cette vue que j'ai donné :

1°. Un Précis Historique des principales révolutions que cette Isle a essuyées depuis ses tems connus jusqu'à sa derniere guerre avec les Génois.

2°. Portrait des Corses, leurs mœurs, coutumes, gouvernement, &c.

3°. Climat, productions & commerce.

4°. Description particuliere & Routier des côtes.

5°. Description de diverses routes dans l'intérieur de l'Isle.

6°. Division géographique de la Corse par Provinces, avec le détail des Pieves & Villages qu'elles contiennent.

Outre cette Description qui forme un volume *in-4°*. j'ai donné une suite de trente-deux Cartes & Plans, dont les Cartes sont sur la même échelle ; ce qui est d'un grand avantage pour passer d'une Carte à l'autre. Cette suite forme un second volume, du même format que le précédent, sous le nom d'*ATLAS DE L'ISLE DE CORSE*, qui se donnera séparément, selon la volonté ou le besoin qu'en auront les Officiers.

Le prix de chaque volume est de 9 liv. en feuilles.

*Cet Ouvrage se trouve à Paris, chez M. Bellin, rue du Doyenné, la premiere arcade de S. Louis du Louvre ; & chez Bailli, Libraire, quai des Augustins, à l'Occasion.*

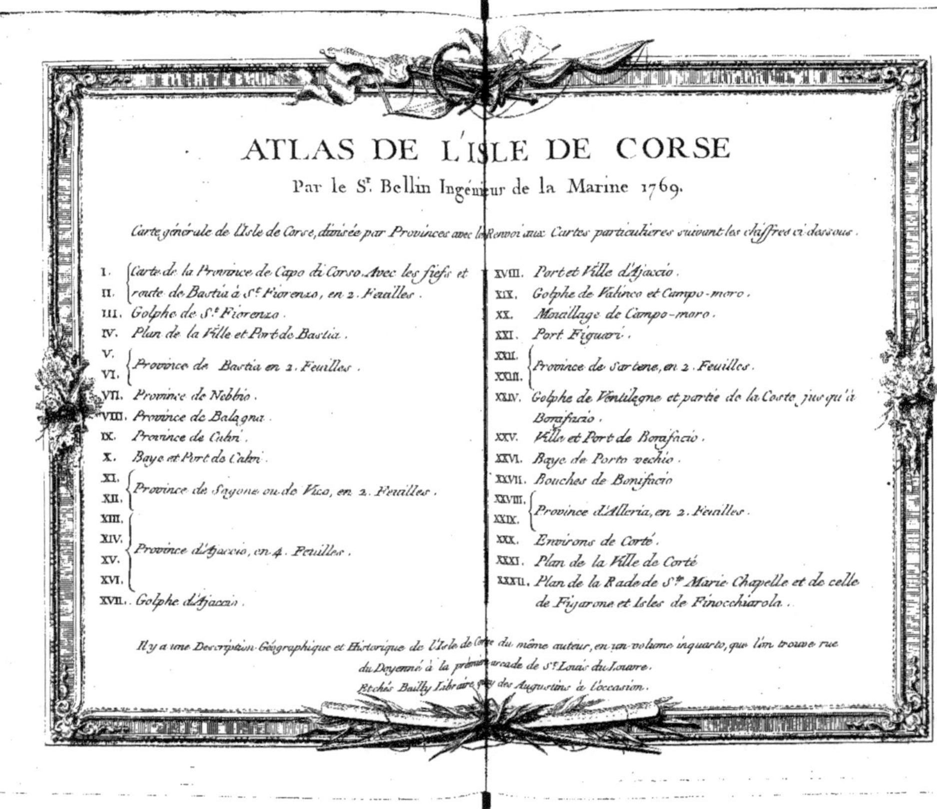


ATLAS DE L'ISLE DE CORSE
Par le S.r Bellin Ingénieur de la Marine 1769.

Carte générale de l'Isle de Corse, divisée par Provinces avec le Renvoi aux Cartes particulieres suivant les chiffres ci dessous.

I.
II. } Carte de la Province de Capo di Corso Avec les fiefs et route de Bastia à S.t Fiorenzo, en 2. Feuilles.
III. Golphe de S.t Fiorenzo.
IV. Plan de la Ville et Port de Bastia.
V.
VI. } Province de Bastia en 2. Feuilles.
VII. Province de Nebbio.
VIII. Province de Balagna.
IX. Province de Calvi.
X. Baye et Port de Calvi.
XI.
XII. } Province de Sagone ou de Vico, en 2. Feuilles.
XIII.
XIV.
XV.
XVI. } Province d'Ajaccio, en 4. Feuilles.
XVII. Golphe d'Ajaccio.

XVIII. Port et Ville d'Ajaccio.
XIX. Golphe de Valinco et Campo-moro.
XX. Mouillage de Campo-moro.
XXI. Port Figuari.
XXII.
XXIII. } Province de Sartene, en 2. Feuilles.
XXIV. Golphe de Ventilegne et partie de la Coste jusqu'à Bonifacio.
XXV. Ville et Port de Bonifacio.
XXVI. Baye de Porto vechio.
XXVII. Bouches de Bonifacio
XXVIII.
XXIX. } Province d'Alleria, en 2. Feuilles.
XXX. Environs de Corté.
XXXI. Plan de la Ville de Corté
XXXII. Plan de la Rade de S.te Marie Chapelle et de celle de Fijarone et Isles de Finocchiarola.

Il y a une Description Géographique et Historique de l'Isle de Corse du même auteur, en un volume in quarto, que l'on trouve rue du Doyenné à la première arcade de S.t Louis du Louvre.
Et chés Bailly Libraire, quay des Augustins à l'occasion.

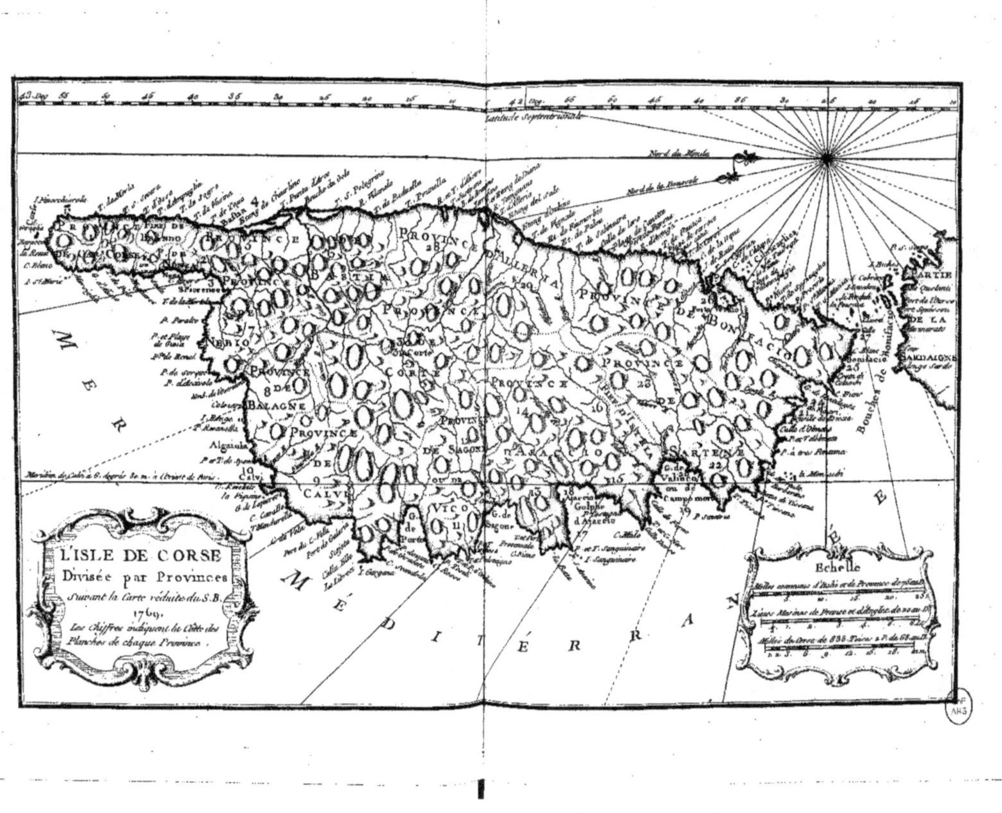

L'ISLE DE CORSE
Divisée par Provinces
Suivant la Carte réduite du S. B.
1769.
Les Chiffres indiquent le Coût des
Planches de chaque Province.
Echelle
Milles communs d'Italie et de Provence de plusieurs
Lieues Marines de France et d'Angleterre de 20 au D.
Milles de Corse de 833 Toises à P. de 68 au D.
MER MÉDITERRANÉE
MER
Latitude Septentrionale
Nord du Monde
Nord de la Boussole
PROVINCE DE NEBIO
PROVINCE DE BALAGNE
PROVINCE DE CALVI
PROVINCE DE VICO
PROVINCE D'AJACIO
PROVINCE DE SAGONE
PROVINCE D'ALERIA
PROVINCE DE BONIFACIO
PROVINCE DE SARTENE
SARDAIGNE
Bouches de Bonifacio
N O R D E S T

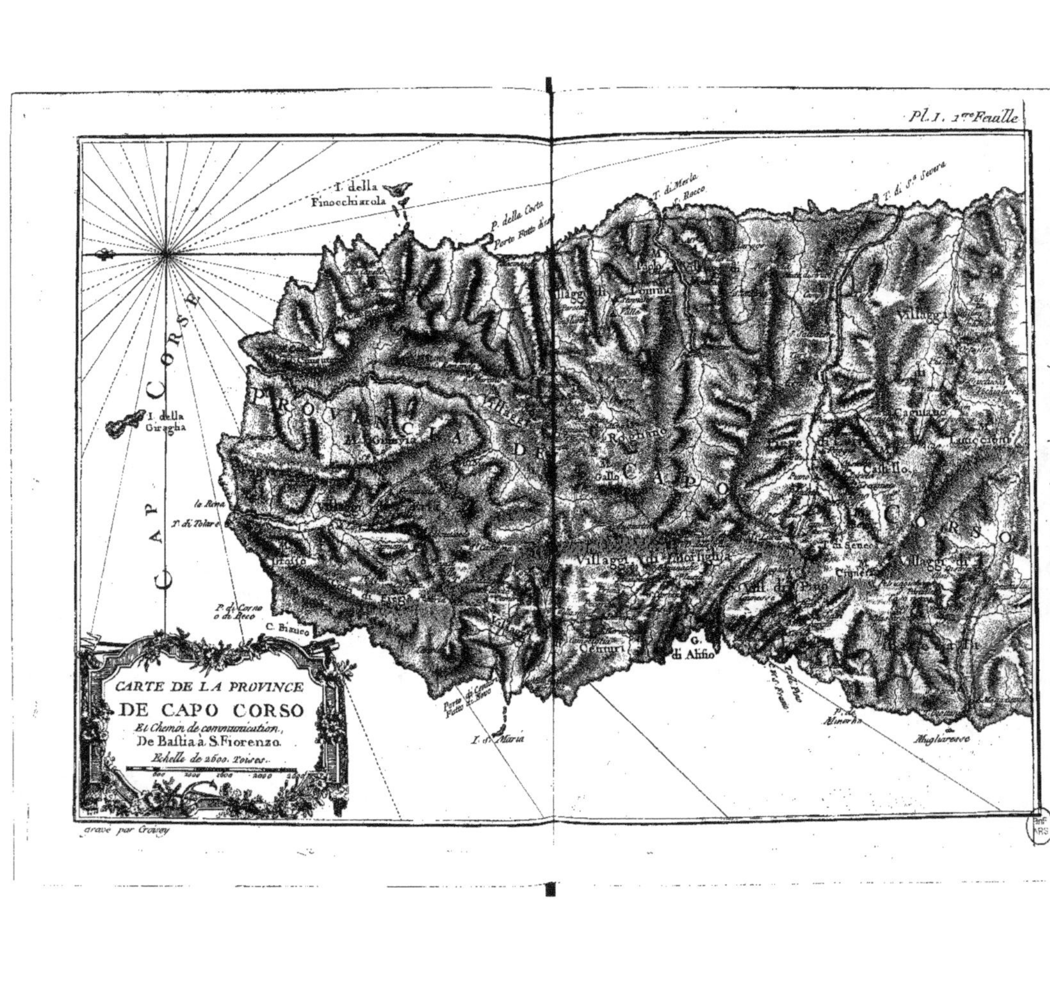

Pl. I. 1re Feuille
I. della Finocchiarola
P. della Corte
Porto Fatto d'in.
T. di Meda
P. Bocco
P. di S.ta Severa
Villaggi di
Tomino
Villaggi di
Cap. Corso
I. della Giragha
PROVINCIA DI
CAPO CORSO
Villagg.
Camuzzo
Luccicoui
la Rena
T. di Tolaro
Brado
Villaggio di Rogliano
Castello
P. di Senco
P. di Corno o di Becco
Villagg. di
C. Bianco
Villaggio di Morriou
Villaggio di
Porto di Ginci Fatto d'in.
Cenuri
G. d'Alisio
Pn. di Pino
Pieve di Pino
P. de Minerbio
I. di Maria
Hugliaresco
CAP CORSE
CARTE DE LA PROVINCE
DE CAPO CORSO
Et Chemin de communication,
De Bastia à S. Fiorenzo.
Echelle de 2600. Toises.
600    1000    1600    2000    2600
gravé par Croisey
La Pl. II. se joint à ce Coté.

2.e Feuille.
Pl II.

La Planche I. se joint à ce Costé.

La Pl. VII. qui est la Province de Nebbio se joint à ce costé conjointement avec la Planche I.re Partie de la Province de Bastia.

T. di Ampuglia
T. di Canvagiola o Sisco
T. di Sagro
T. d'Erbalonga
M.D. della
T. della Trev.ie de
T. di Sismo
T. di Grisona
T. di pietra Negra
T. di Toga
T. di Juguti
BASTIA
Porta Vechio

Villagio di Sisco
M.e Pietro
Gran Canale

Pieve di ...
Pieve di ...
DE LA PROVINCE
M.te Stagno
Pieve du Pramole
Patrimonio

T. d'Albo
T. di
T. di
Poriande
T. di Vechaia

S. FIORENZO

SUITE
DE LA PROVINCE
DE CAPO CORSO
Et Route de Bastia à S. Fiorenzo
Echelle de 2500. Toises.
500. 1000. 1500. 2000. 2500.

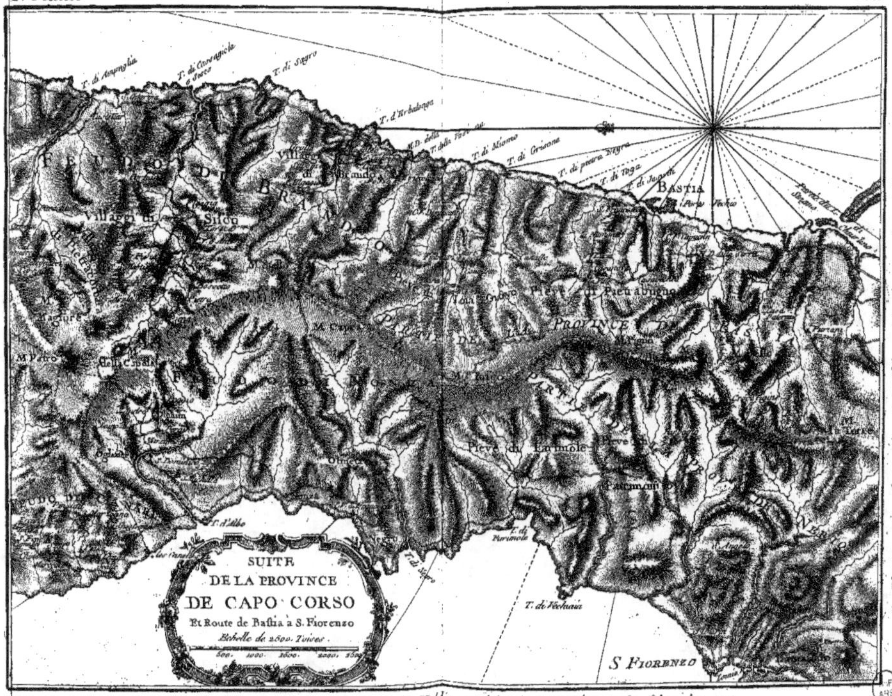

La Planche VII. qui est la Province de Nebbio se joint à ce costé. et la Planche. III.

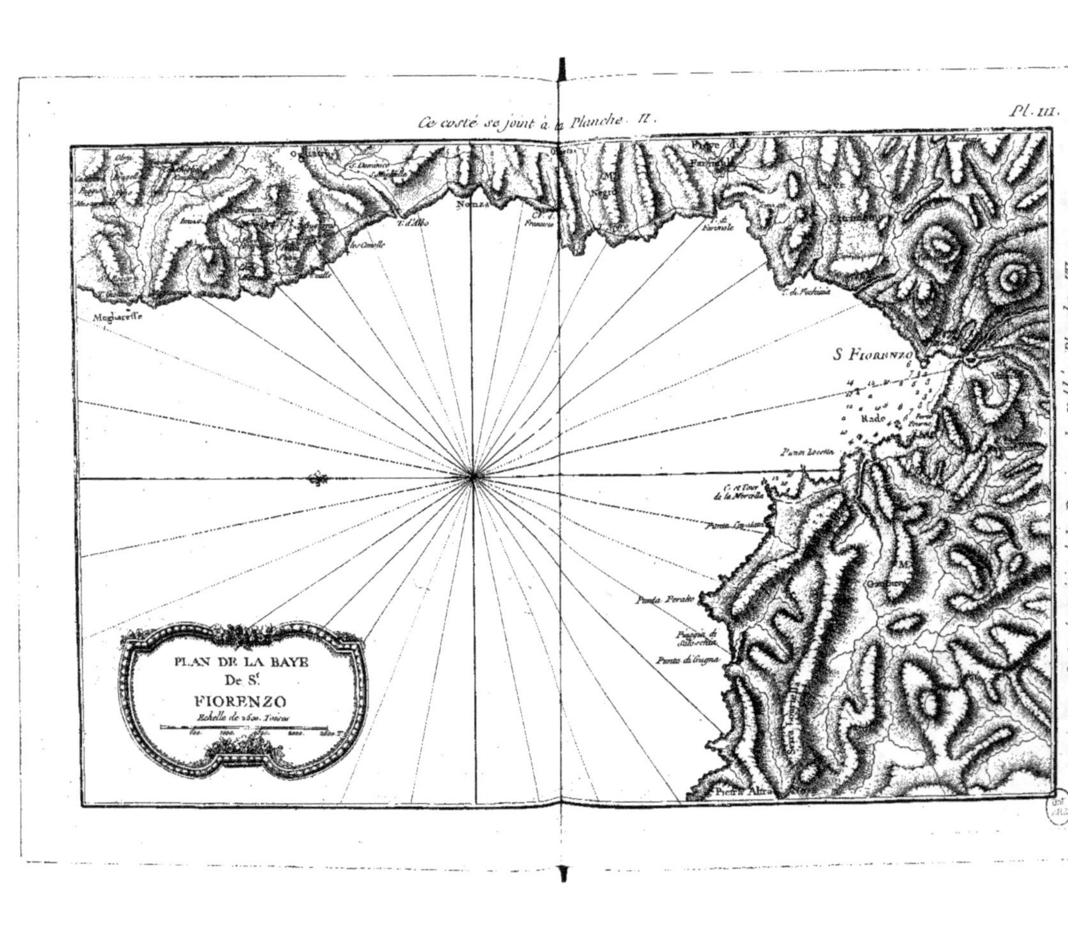

Ce costé se joint à la Planche. II.
Pl. III.
Ce costé se joint à la Province de Nebbio. Planche. VII.
Magharette
S Fiorenzo
Rade
Punta Locotta
C. et Tour de la Mortella
Punta Gradisca
Punta Peraio
Pieve di Oletta
Punta di Gugna
Pietra Altra
Nonza
T. d'Albo
C. et J. Francese
C. de Fachina
Farinole
Torre
M. Negro
Patre Farano
PLAN DE LA BAYE
De St.
FIORENZO
Echelle de 2630. Toises

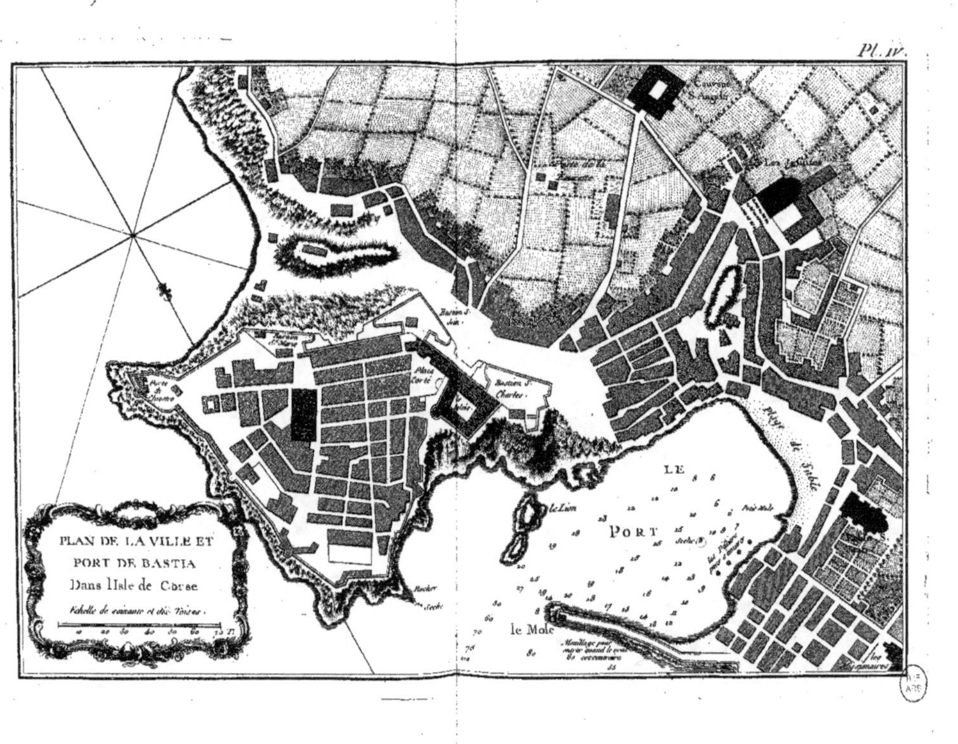

Pl. IV.
PLAN DE LA VILLE ET
PORT DE BASTIA
Dans l'Isle de Corse
Echelle de soixante et dix Toises.
10 20 30 40 50 60 70 T.
Les Jardins
Porte de la Mer
Bastion d'
Place Cité
Porte de Quarte
Bastion St Charles
Rocher Seche
le Lion
LE
PORT
Seche (N)
Petit Mole
Playe de Sable
les Pilliers pour amarer
le Mole
Mouillage pour amarer quand le port est encombré
les commaires

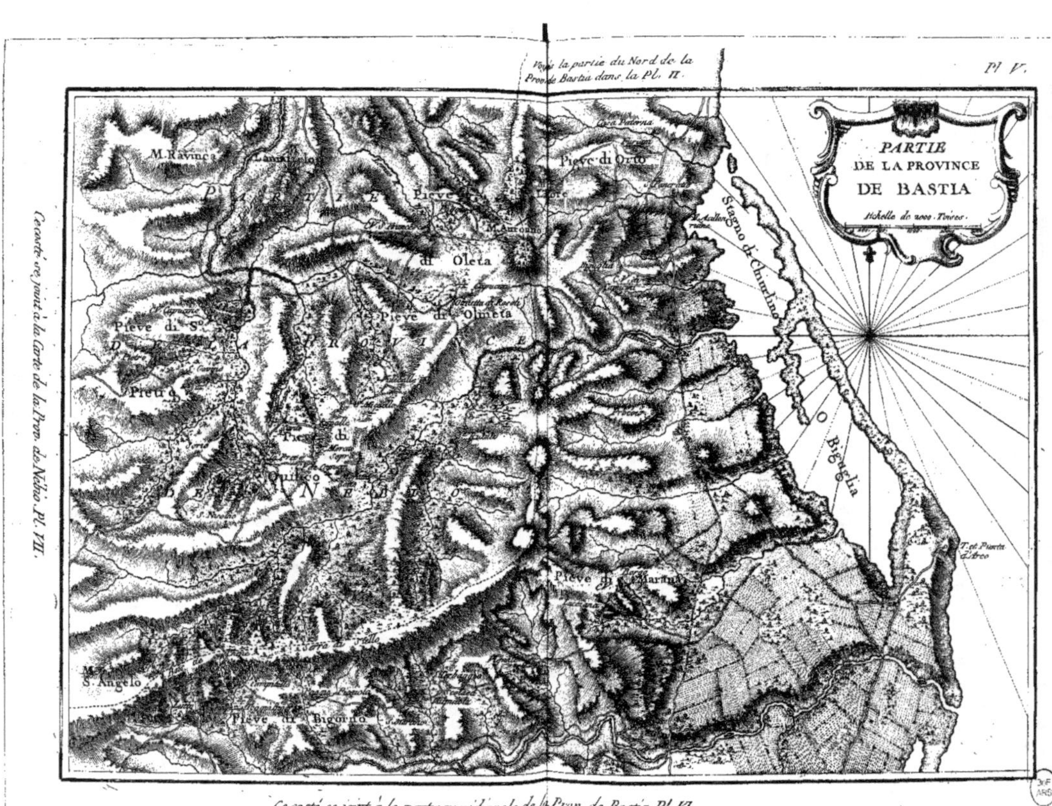

Voyés la partie du Nord de la Prov. de Bastia dans la Pl. II.
Pl. V.
PARTIE DE LA PROVINCE DE BASTIA
Echelle de 2000 Toises.
Ce carté se joint à la Carte de la Prov. de Nebio. Pl. VII.
Ce costé se joint à la partie meridionale de la Prov. de Bastia Pl. VI.
M. Ravinca
Lanni colo
Pieve
Pieve di Orto
Casa Paterna
M. Antonno
di Oleta
Olmeta di Tuoda
Pieve di Olmeta
PARTIE
PROVINCE
Pieve di So
D
Pieu d
Pieve di
Quilico
A N E B I O
Stagno di Chiurlino
O Bigoglia
T. et Punta d'Arco
M. S. Angelo
Pieve di Bigorno

Ce Costé se joint à la Province de Nebbio. Planche VII.
Camugagi
Ponte di
Castello R.
Pieve di Catagoni
M. Piana
Pieve di Caimea
S.t Angelo
Pieve di Rostino
Pieve di Lavagna
Pieve di
Aumenda
PARTIE
DE LA PROVINCE
DE BASTIA
Partie
de la Province
de Corté
Pieve di Vallerustia
Pieve di
Oreti
M. Calurera
Pieve di Moriani
Le Pieve
M. Callerducio
DE LA PROVINCE
Echelle de 2500 Toises
150. 600.    900.    1500.    2500.    3500.
Tavignano R.
Sagnarisu R.
Vilmaloni R.

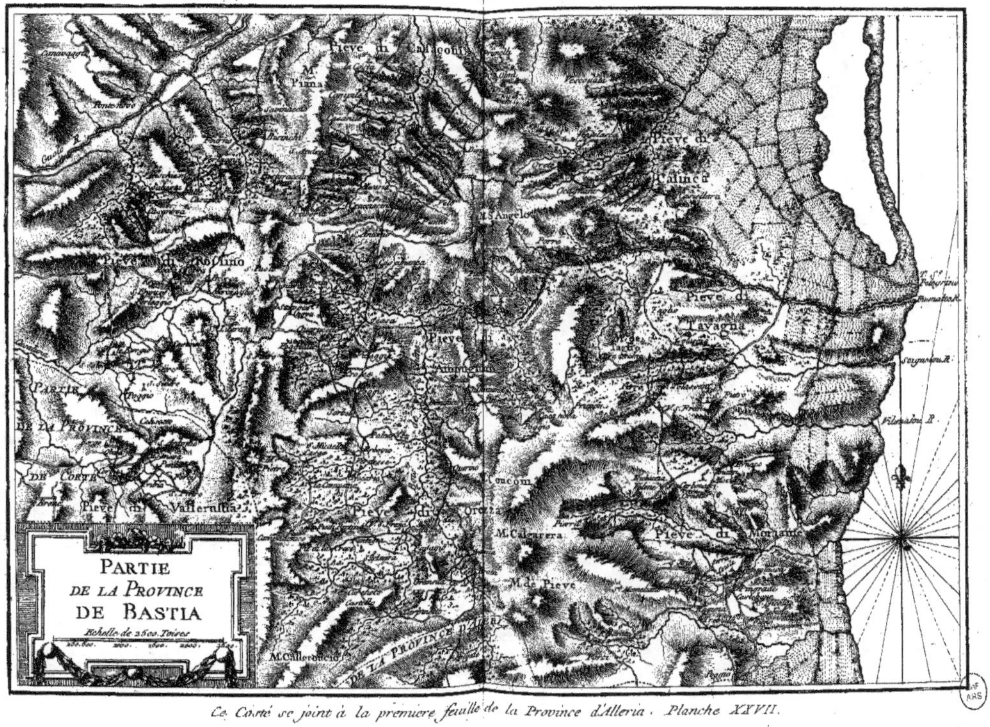

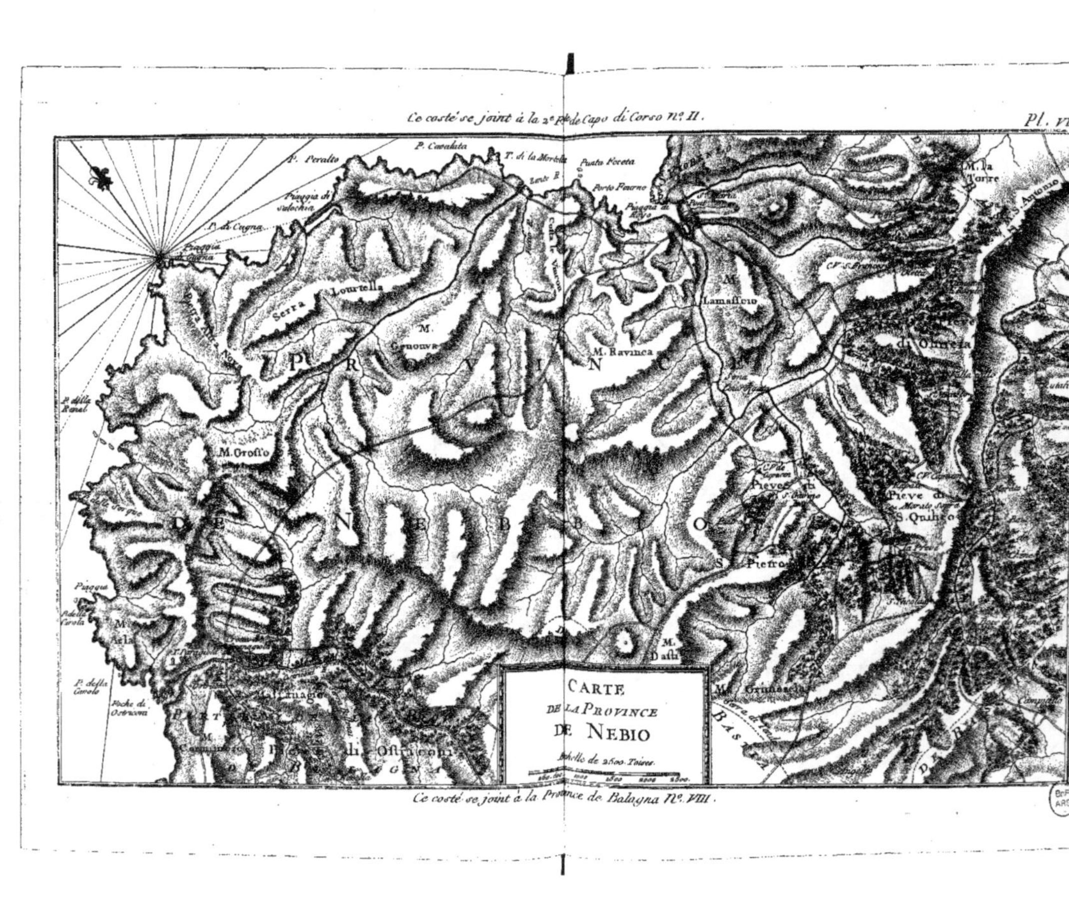

4

Ce costé se joint à la 2.e P.te de Capo di Corso N.o II.
Pl. VII.
P.o Peralto
P. Cavalata
T. di la Mortella
Punta Poreta
Levto R.
Porto Fearno
Piaggia di Rovo
M. la Torre
S. Antonio
Piaggia di Solochia
P. di Cegna
Piaggia Cegna
Serra della Noce
Lourtella
Serra
M.
Cenovra
M. Ravinca
Lamaffcio
di Olmeta
P. delle Rand
M. Groffo
Pieve di S. Quilico
P.te Leprino
Pieve
DE NEBBIO
PROVINCE
S. Pietro
Piaggia
delle Cavala
M. del
P. della Cavola
Foche di Ostruora
M. D'afti
CARTE
DE LA PROVINCE
DE NEBIO
Echelle de 2500. Toises.
M. Grumaccia
BASTIA
Fermaglo
di Oftriconi
M. Cammage
BALAGNA
Ce costé se joint à la Province de Balagna N.o VIII.

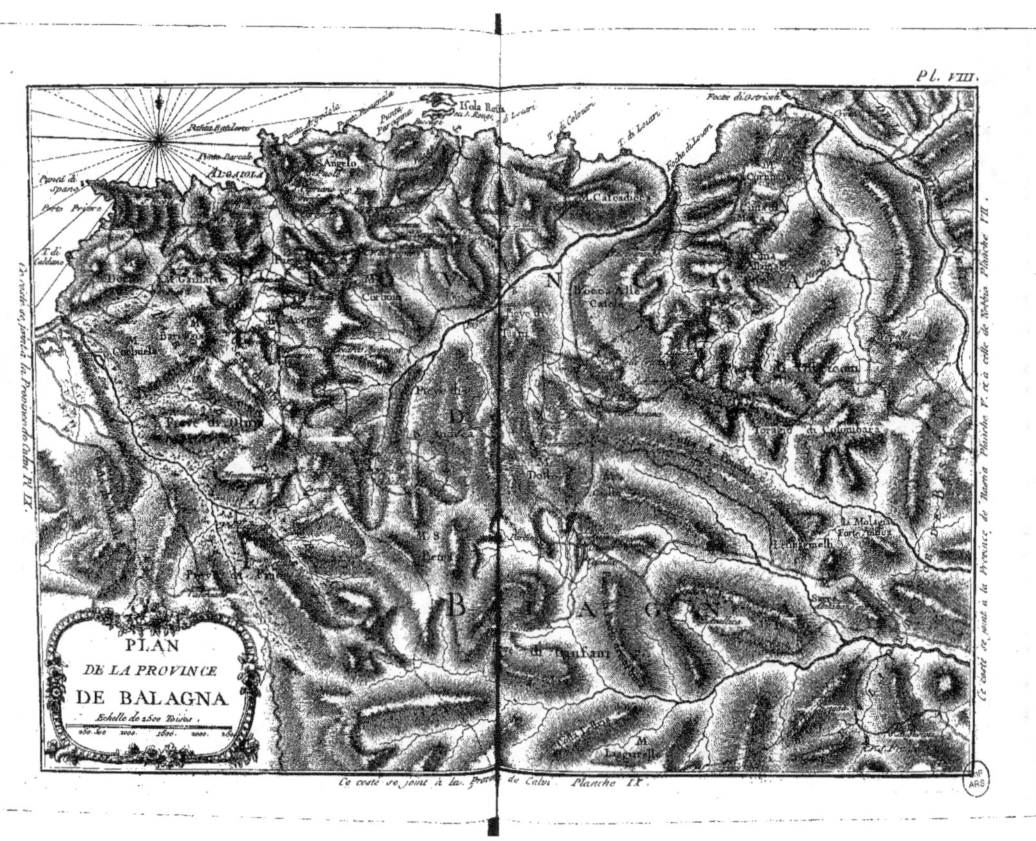
PLAN
DE LA PROVINCE
DE BALAGNA
Echelle de 2500 Toises.
Isola Rossa
Calcatoggio
AVOGOLA
S. Angelo
Porto Prior.
T. di Calalano
La coste se joint à la Province de Calvi Pl. IX.
Ce coste se joint à la Province de Calvi. Planche IX.

Pl. IX
CARTE
DE LA PROVINCE
DE CALVI
Echelle de 4800 toises
la Gargaza
Cap Rivelate
P. Abatucci
CALVI
PORTO DI CALVI
S. Ponza
Porto Proiro
P. di Caldano
Capo Cavallo
C. di Vih
GOLPHE
DE
PORTO
M. Rocco
M. Volta di Mo
Ce carte se joint à la Province de Balagna Pte VIII.

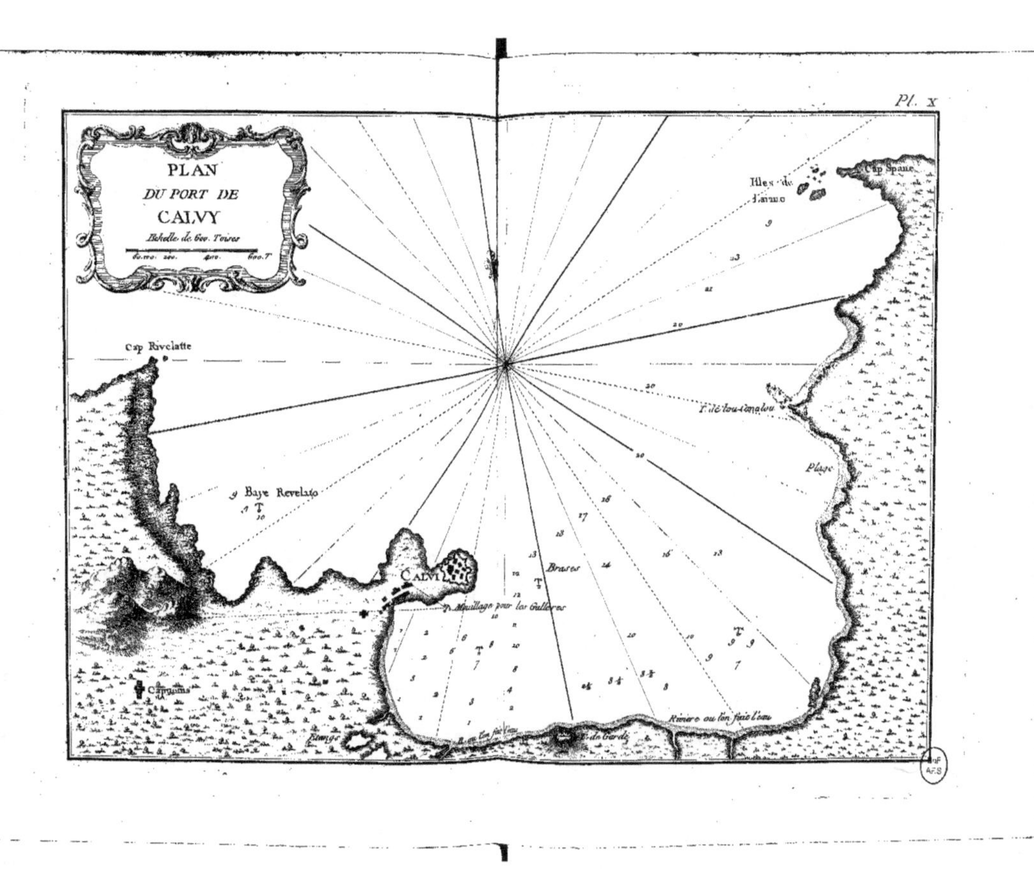

PLAN
DU PORT DE
CALVY
Echelle de 600. Toises
Cap Rivelatte
Baye Revelato
CALVI
Brases
Mouillage pour les Galleres
Iles de Faumo
Cap Spanu
T. Ile lou Lonalou
Plage
Captums
Rivière ou l'on fait l'eau
T. de Garde

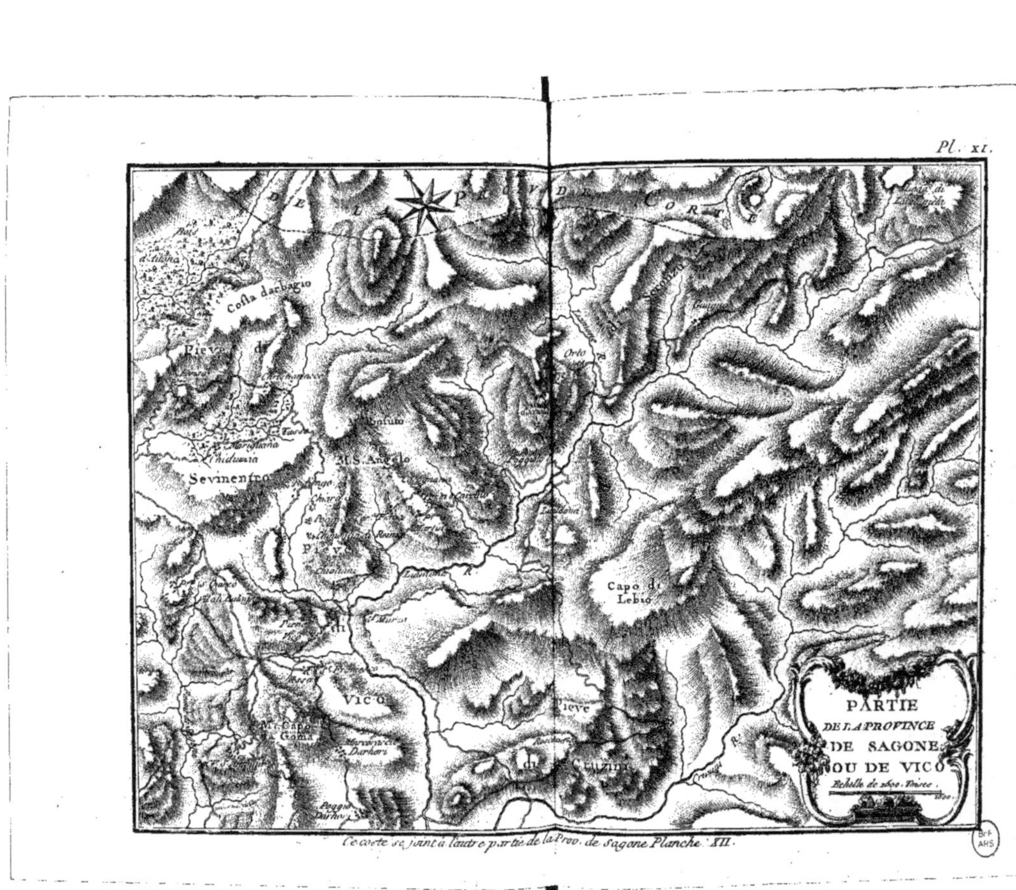




DE L PL D CORE
Lago di L'Istrande
Costa d'arbagio
Bais d'Liscia
Pieve di
Seninente
S. Angelo
Orto
Capo di Lebio
Pieve
Vico
M. Capo Gona
Guagno
Darbeti
PARTIE
DE LA PROVINCE
DE SAGONE
OU DE VICO
Echelle de 2600. Toises.

BrF AHS

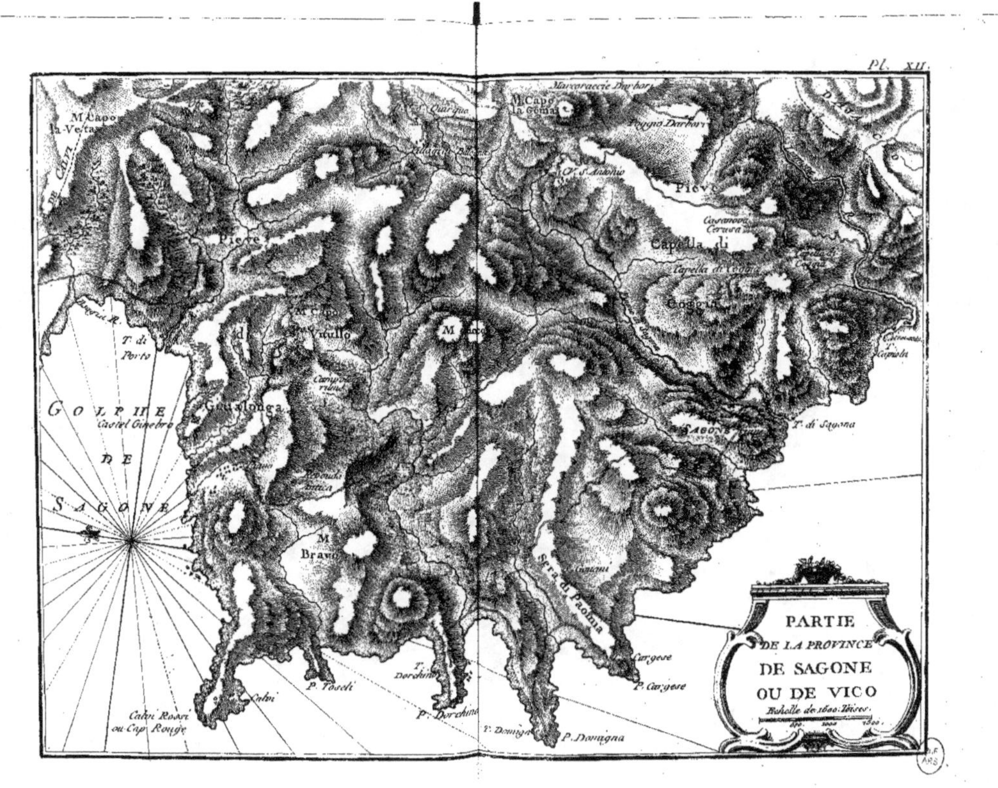

Pl. XII
M. Capo la Vesta
Marcoraccie Darbori
Quarcino
M. Capo la Genia
Poggia Darbori
C. S. Antonio
Pieve
Casanova Cerasa
Capella di
Capella di
Pieve
Cogna
Bagni R.
T. di Porto
Vullo
M. Bravo
GOLFE
Castel Ginebro
DE
SAGONE
Grislonga
Campione
T. di Sagona
SAGONA
Serra di Paolina
Canani
Calvi Rossi ou Cap. Rouge
Calvi
P. Toseli
T. Dorchino
P. Dorchine
Cargese
P. Cargese
T. Domigna
P. Domigna
PARTIE
DE LA PROVINCE
DE SAGONE
OU DE VICO
Eschelle de 1800 Toises.
500    1000    1500

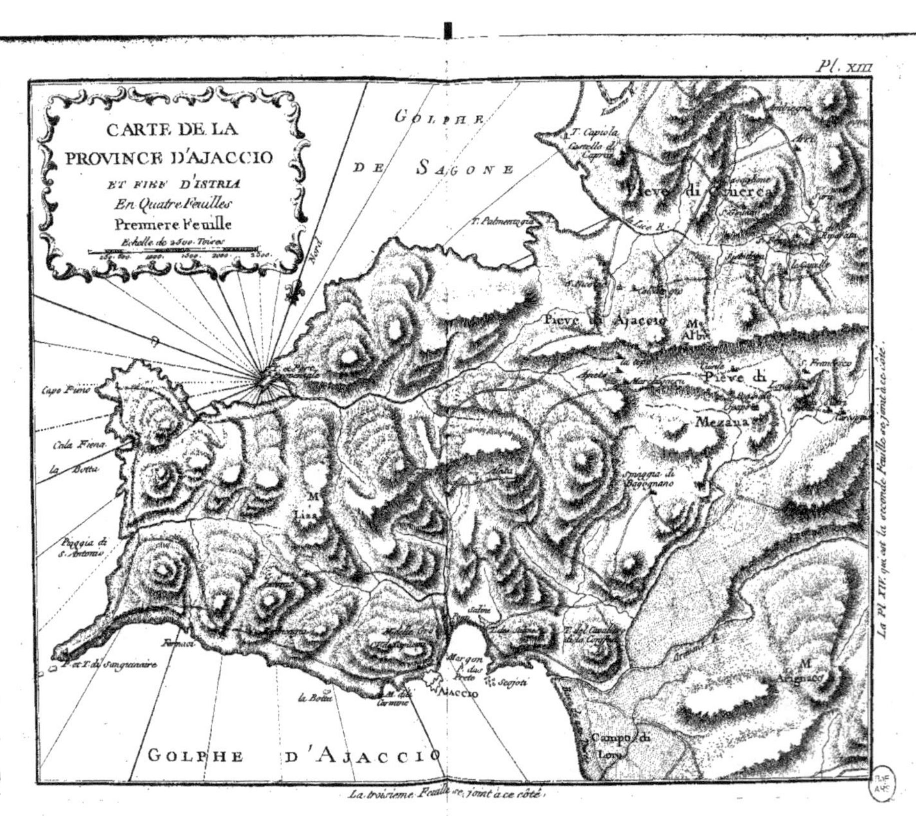
CARTE DE LA
PROVINCE D'AJACCIO
ET FIEF D'ISTRIA
En Quatre Feuilles
Premiere Feuille
Echelle de 2500. Toises
GOLPHE DE SAGONE
GOLPHE D'AJACCIO
Nord
Capo Purio
Cola Fiena
la Botta
Puggia di S. Antonio
Farnesi
Q.re et T.re di Sanguinaire
M. Liera
la Botta
M. del Carmine
Argon à das Preto
Ajaccio
Scajoti
Pieve di Ajaccio
Pieve di Quercia
Pieve di Mezana
Piaggia di Bovognano
M.te Albo
T. Capula
Castello di Caprera
T. Palmentoja
Campo di Loro
M. Aragnoli
La troisieme Feuille se joint à ce côté.
La Pl. XIV. qui est la seconde Feuille se joint à ce côté.

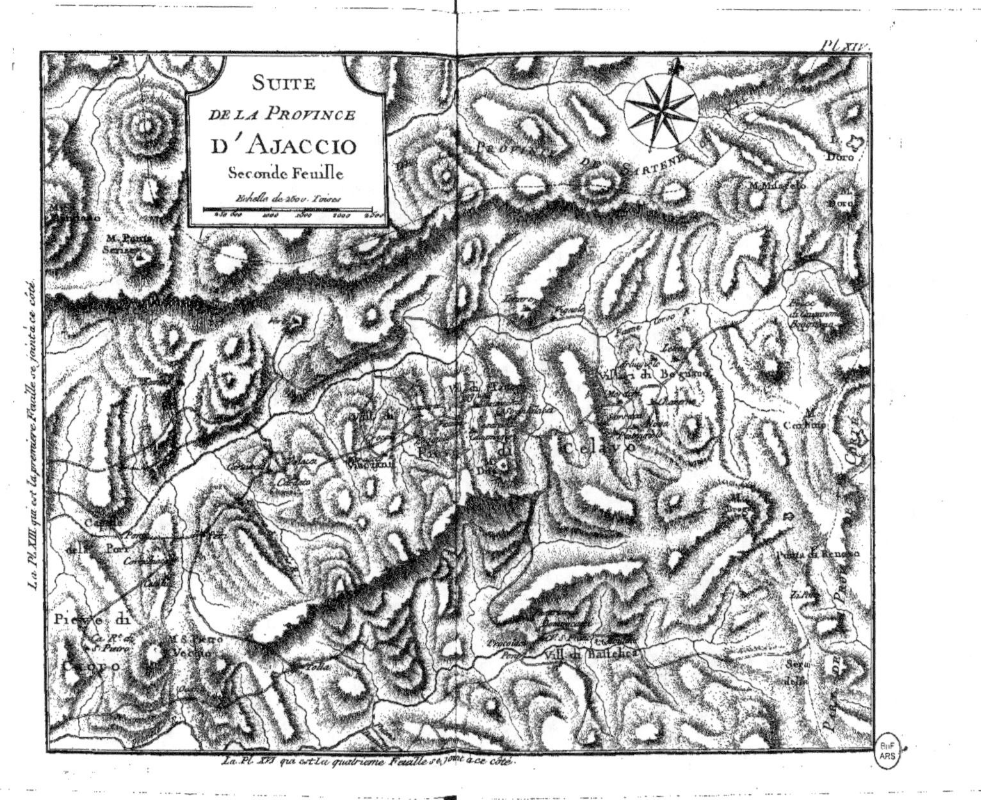

Pl. XIV.
SUITE DE LA PROVINCE D'AJACCIO
Seconde Feuille
Echelle de 2600. Toises
PROVINCE DE SARTENE
Doro
M. Milasello
M. Punta Serigo
Pieve di Capo
S. Pietro Vecchio
Celavo
Pieve di Bocagno
Calva di Renoso
Vill. di Bastelica
La Pl. XIII qui est la premiere Feuille se joint à ce côté.
La Pl. XVI qui est la quatrieme Feuille se joint à ce côté.
BnF ARS

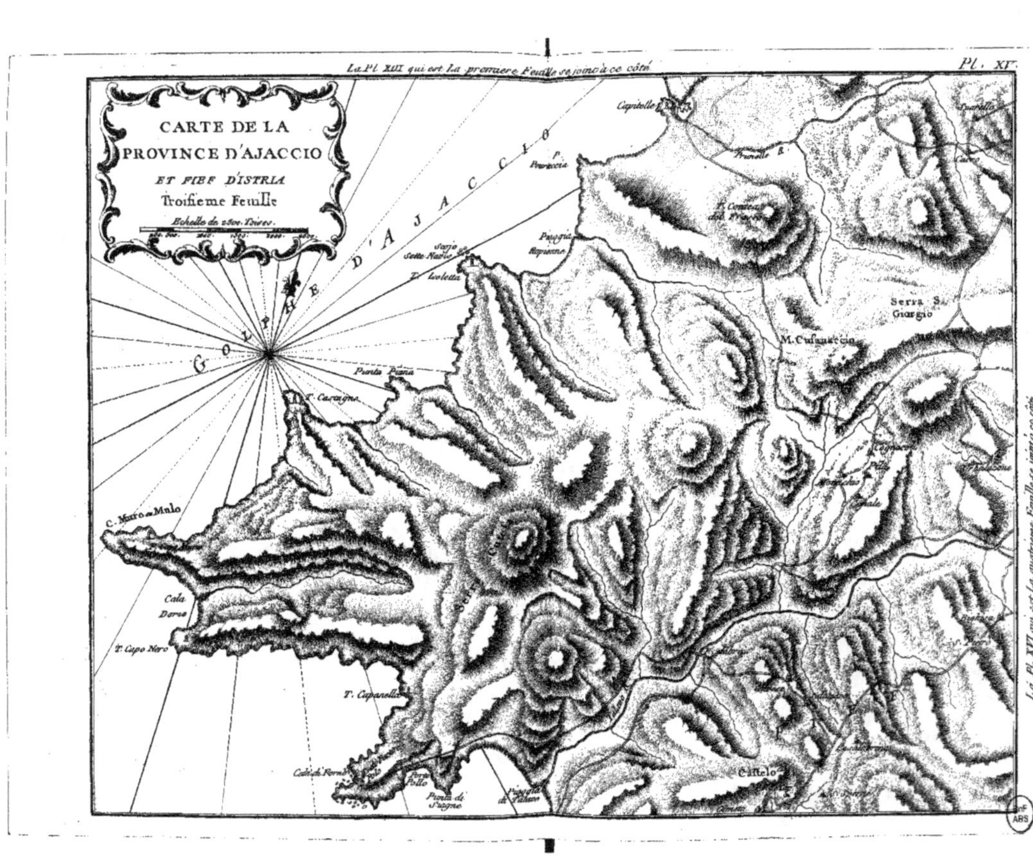

Pl. XV.
La Pl. XIII. qui est La premiere Feuille se joint à ce côté
La Pl. XVI. qui est la quatrieme Feuille se joint à ce côté
CARTE DE LA
PROVINCE D'AJACCIO
ET FIEF D'ISTRIA
Troisieme Feuille
Echelle de 2500. Toises.
GOLPHE D'AJACCIO
Capitelle
Francilli
P. Pozzuccia
Il Convento del Franco
Piaggia Rapienne
Serra S. Giorgio
Sarjo di Sette Nave
P. Scoletta
M. Cufanaccia
Punta Piana
T. Caraigne
Serra
C. Muro = Mulo
Coppione
Cala Dorea
T. Capo Nero
T. Capanello
Castelo
Cala di Forn
Punta di Suagne
Punta di Tabaro

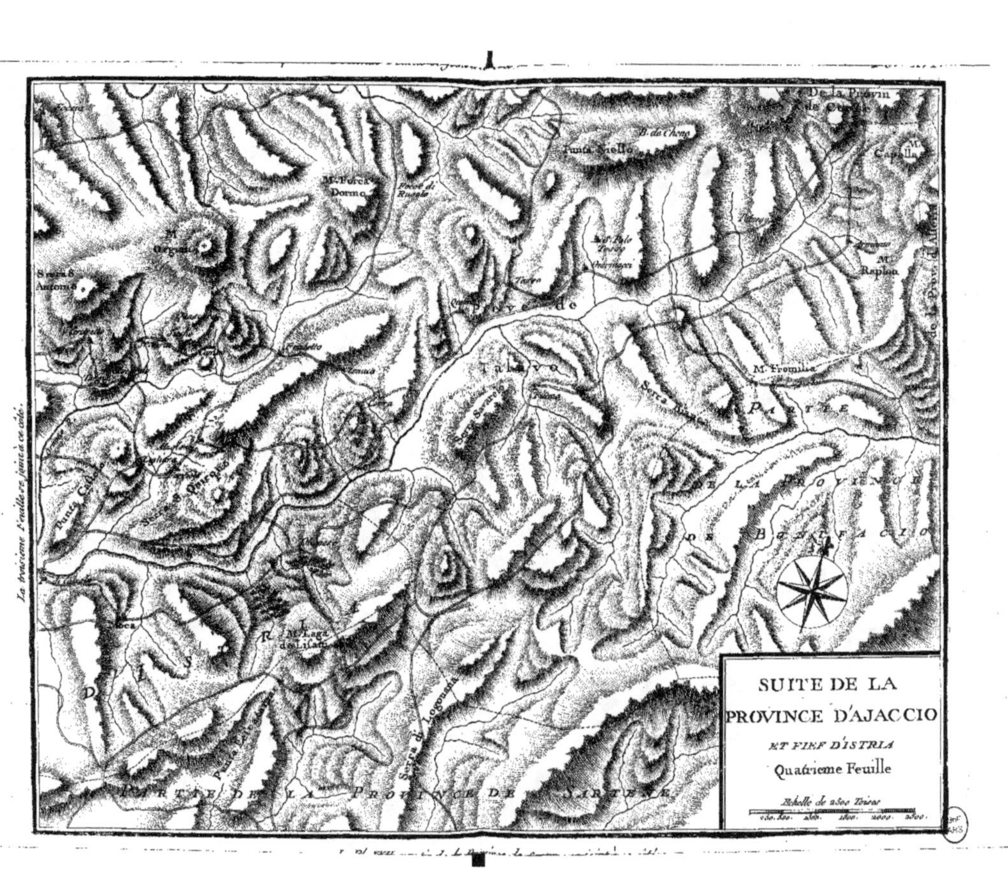

SUITE DE LA
PROVINCE D'AJACCIO
ET FIEF D'ISTRIA
Quatrieme Feuille
Echelle de 2500 Toises
o 50. 500. 1000. 1500. 2000. 2500.

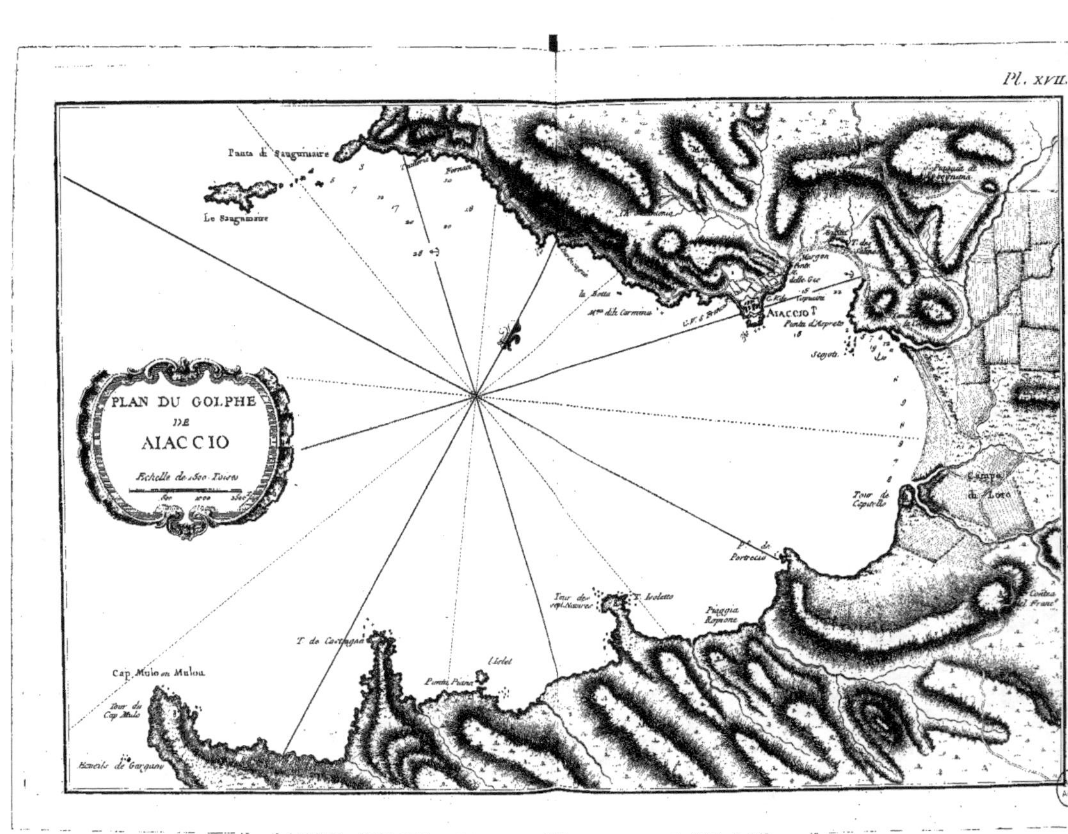
Punta di Saugunaire
Lo Saugunaire
PLAN DU GOLPHE
DE
AIACCIO
Echelle de 1500 Toises
500    1000    1500
AIACCIO T.
Punta d'Aspretto
la Botta
M.na dth Carmena
Segret.
Tour de Capitello
P.ta de Porticcio
Tour des capitulaires
T. Isoletto
Piaggia Rosmone
T. de Castagna
L'Islet
Punta Poina
Cap. Mulo en Mulou
Tour du Cap Mulo
Esmerli de Gargano

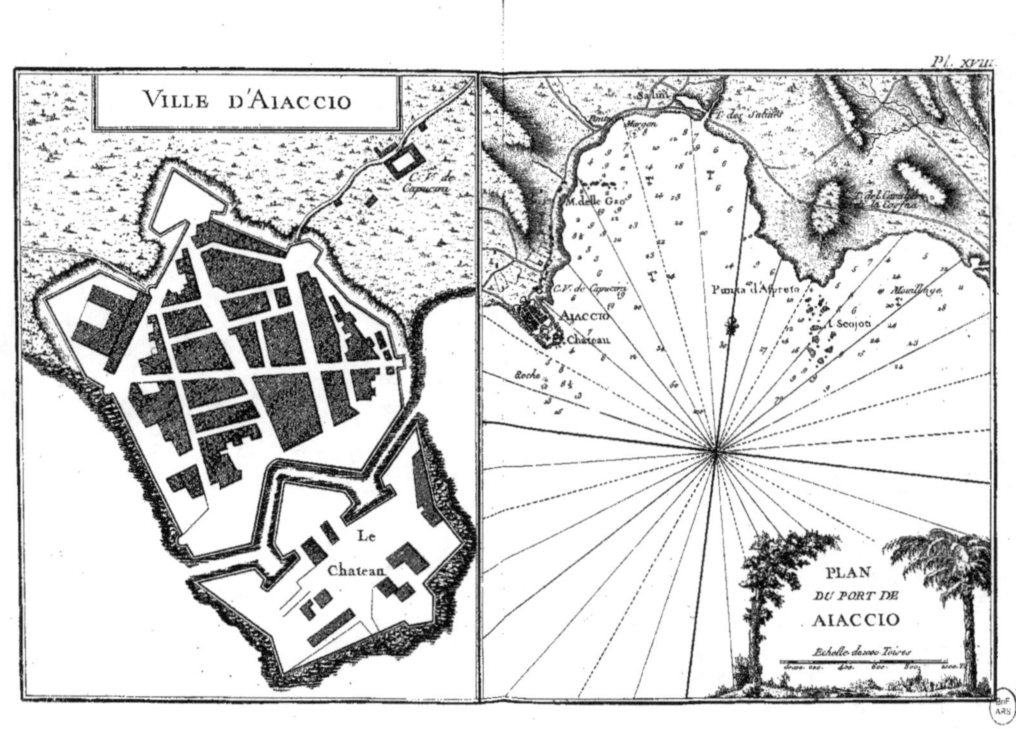

Pl. XVII
VILLE D'AIACCIO
C.V. de Capucini
Le Chateau
Salini
Ponte Margon
T. des Salines
M. delle Gro
Isola del Cavallo de la Cigna
C.V. de Capucini
AIACCIO
Chateau
Punta d'Afpreto
Mouillage
I. Scojoi
Roche
PLAN
DU PORT DE
AIACCIO
Echelle de 1000 Toises
BnF ARS

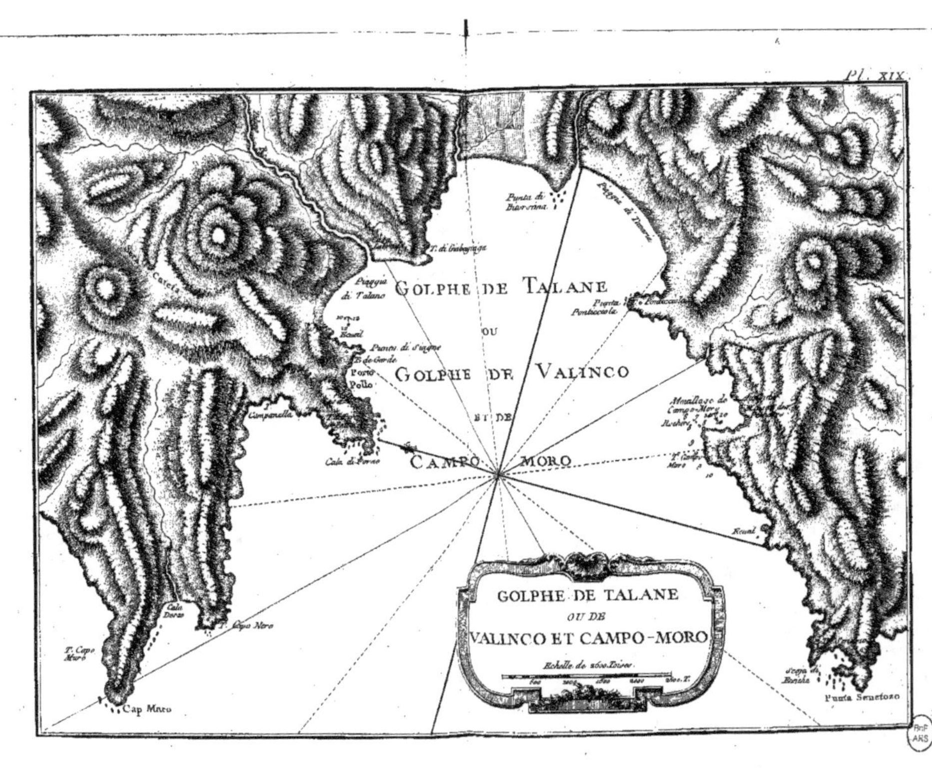

Punta di Biarsrina
Paqgna di Tavara
T. di Gabagiaga
Piaggia di Talano
GOLPHE DE TALANE
Piarta Pontaccio la
Pontaccio la
OU
Houel
Punta di S'igne
B. de Garde
Porto Pollo
GOLPHE DE VALINCO
Campanella
Mouillage de Campo-Moro
Rocher
ET DE
Cala di Porno
CAMPO MORO
T. Capo Moro
Cala Doraa
Capo Moro
T. Capo Muro
Reval
Cap Muro
GOLPHE DE TALANE
OU DE
VALINCO ET CAMPO-MORO
Echelle de 2600 Toises.
500   1000   1500   2000   2600 T.
Sirega Ronda
Punta Senetoso

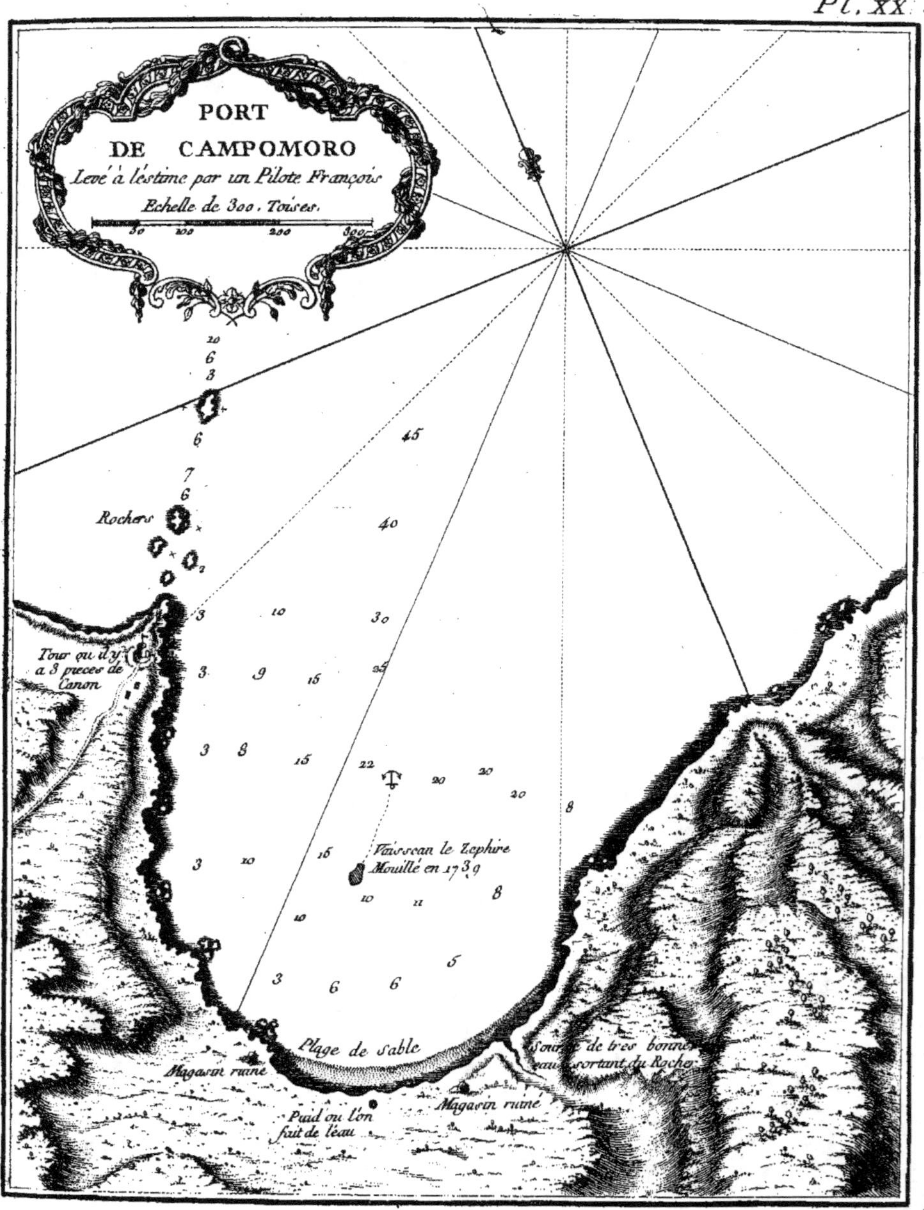
PORT
DE CAMPOMORO
Levé à l'estime par un Pilote François
Echelle de 300. Toises.
30   100   200   300
Rochers
Tour ou il y
a 3 pieces de
Canon
Vaisseau le Zephire
Mouillé en 1739
Plage de Sable
Magasin ruiné
Source de très bonne
eau sortant du Rocher
Magasin ruiné
Puid ou l'on
fait de l'eau

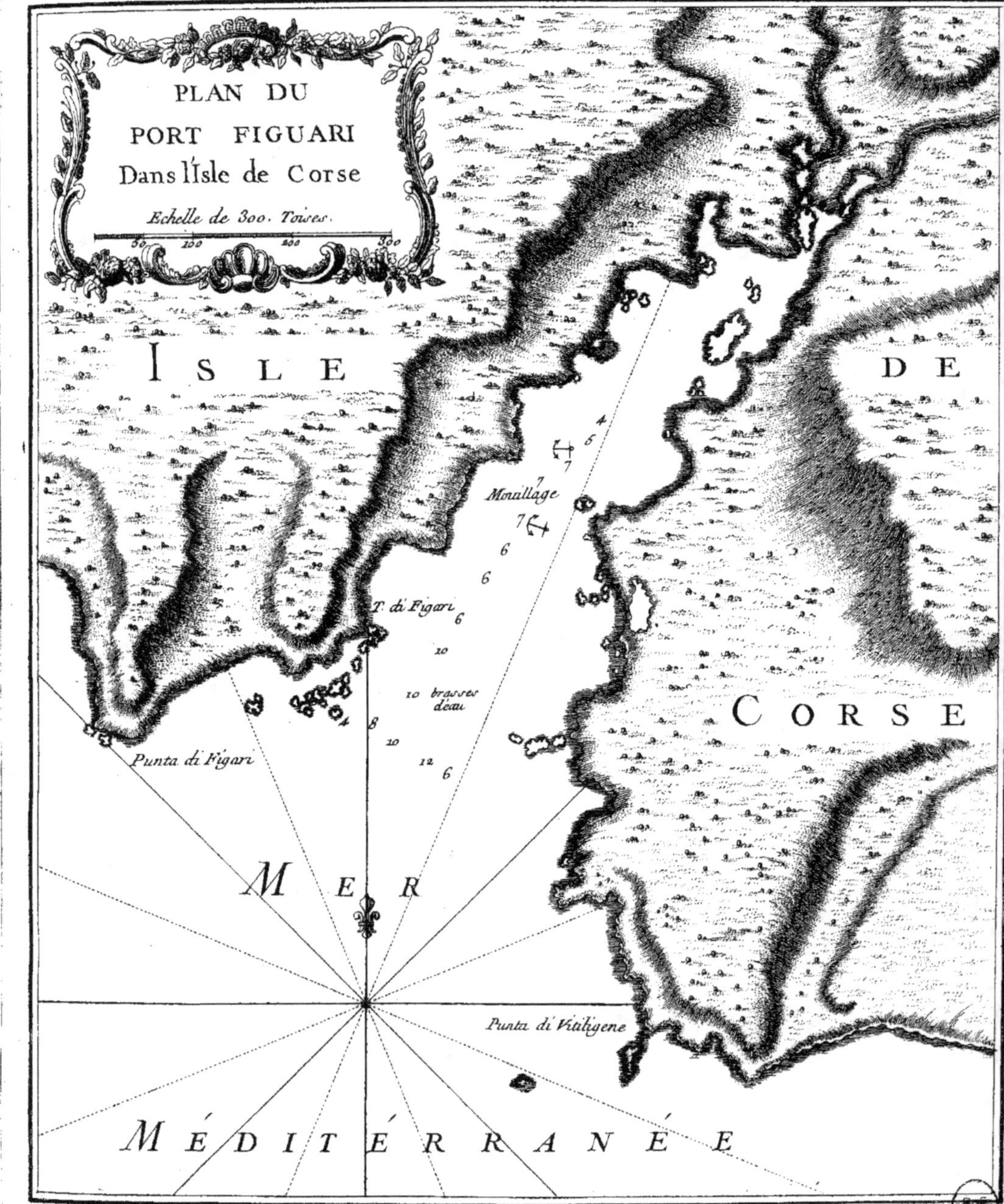
PLAN DU
PORT FIGUARI
Dans l'Isle de Corse
Echelle de 300. Toises.
50    100    200    300
ISLE
DE
Mouillage
T. di Figari
Punta di Figari
brasses d'eau
CORSE
MER
MÉDITÉRRANÉE
Punta di Vitaligene

Pl. XXII. 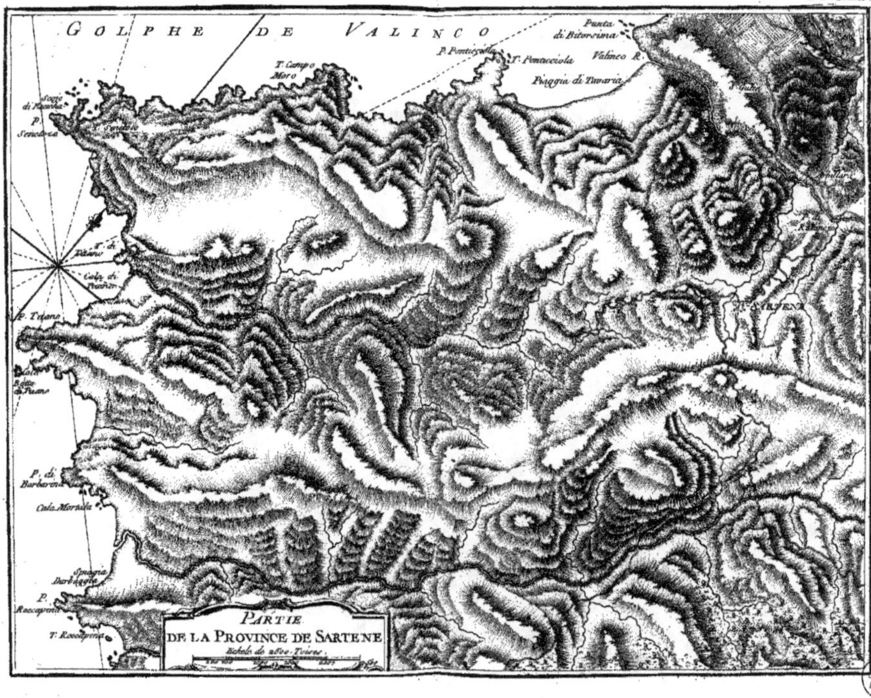
GOLPHE DE VALINCO
Punta di Bitorsima
P. Pontigella
T. Pontacciola
Valinco R.
Piaggia di Tuvaria
T. Campo Moro
Scogio di Pecurba
P. Senclosa
T. Senctoio
T. di Titano
Cala di Prutim
P. Titano
Cala Botte di Tuans
P. di Barbarina
Cala Mortala
Spiagia Darbaggia
P. Roccapina
T. Rocalpena
SARTENE
PARTIE DE LA PROVINCE DE SARTENE
Echele de 2600 Toires.
Ce carte se jonta l'autre partie de la Province de Sartene. Pl. XXIII.

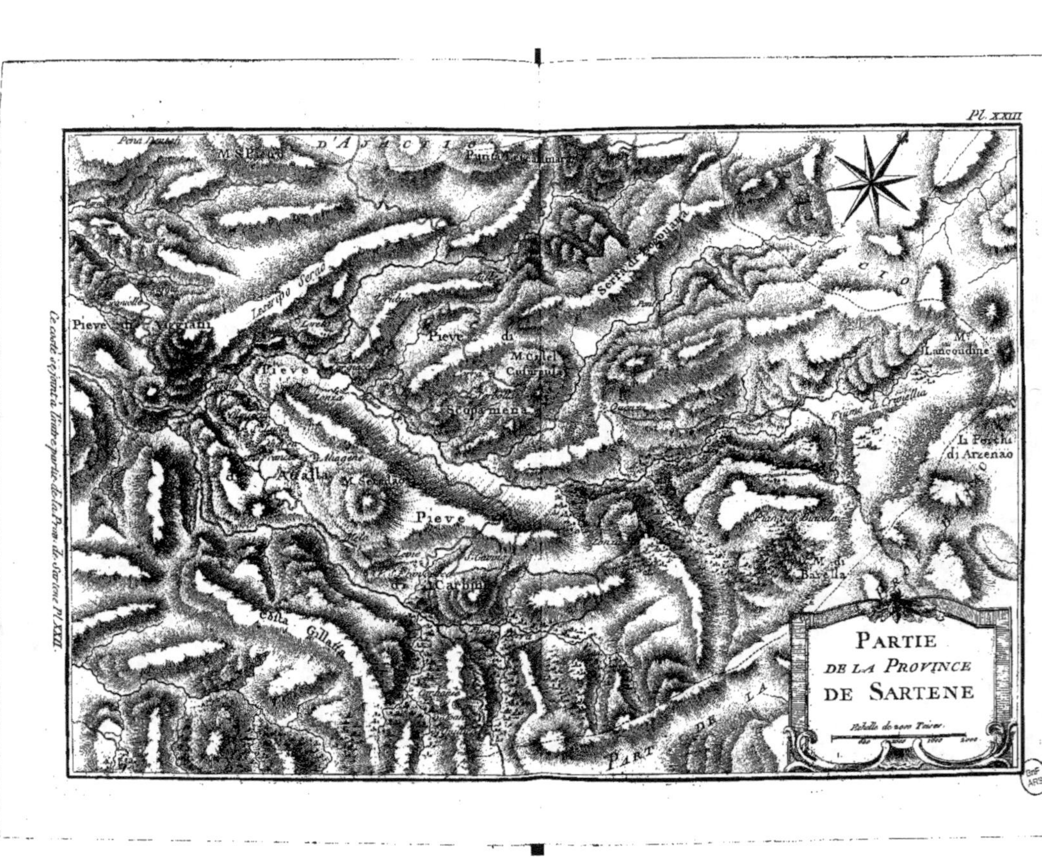
Pena Piatta
M.S. Pietro
D'AJACCIO
Punta della Ammira
Serra de Poretta
CIO
Pieve di
Leverino Serao
Pieve di
M.t Lancoudine
Pieve di
M. Coltel
Cucuruzi
Pieve di
La Punta
di Arzenao
apamento
d. l'Agalia
Pieve
Pian di Barola
M.t di
La Batella
di Carbini
Chila Gillatta
PARTIE DE LA
PARTIE
DE LA PROVINCE
DE SARTENE
Echelle de 2000 Toises

Le cartel espartie limitre partie de la Prou. de Sartene Pl. XXII.

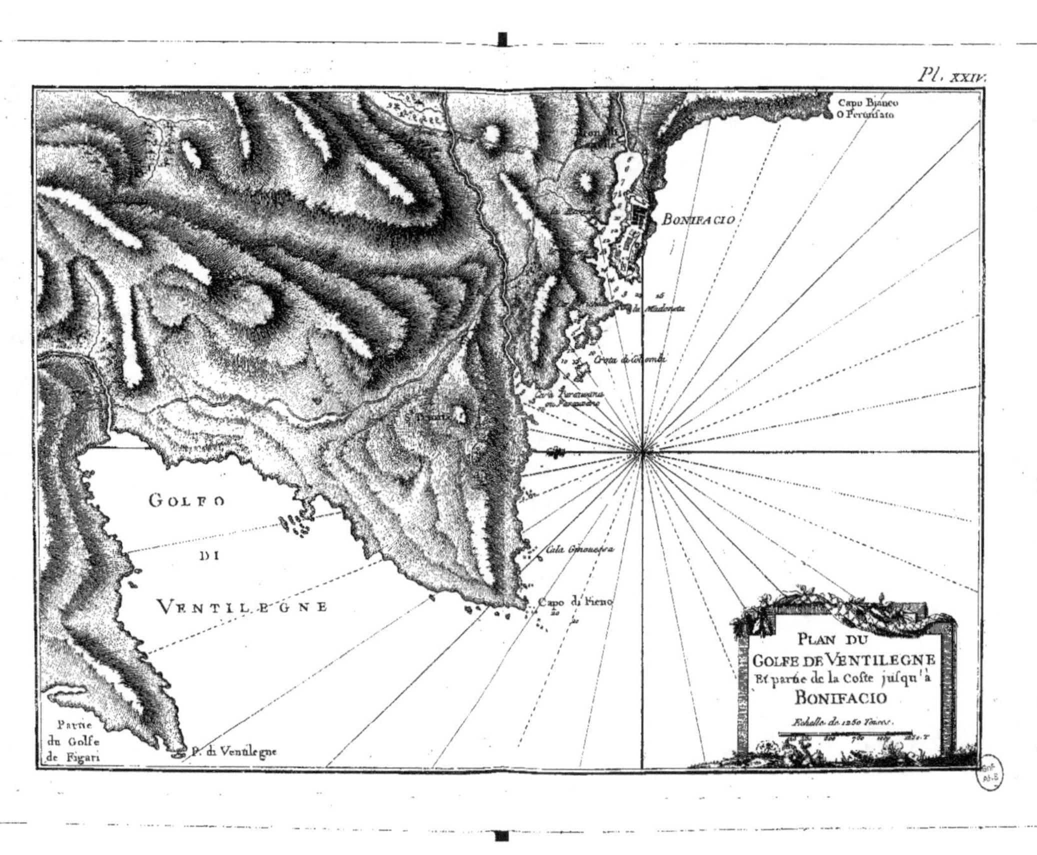
Capo Bianco
O Perniato
BONIFACIO
la Madonetta
Creta di Colomba
Aramina en Perniato
GOLFO
DI
VENTILEGNE
Cala Gynouessa
Capo di Fieno
Partie
du Golfe
de Figari
P. di Ventilegne
PLAN DU
GOLFE DE VENTILEGNE
Et partie de la Coste jusqu'à
BONIFACIO
Echelle de 1250 Toises.

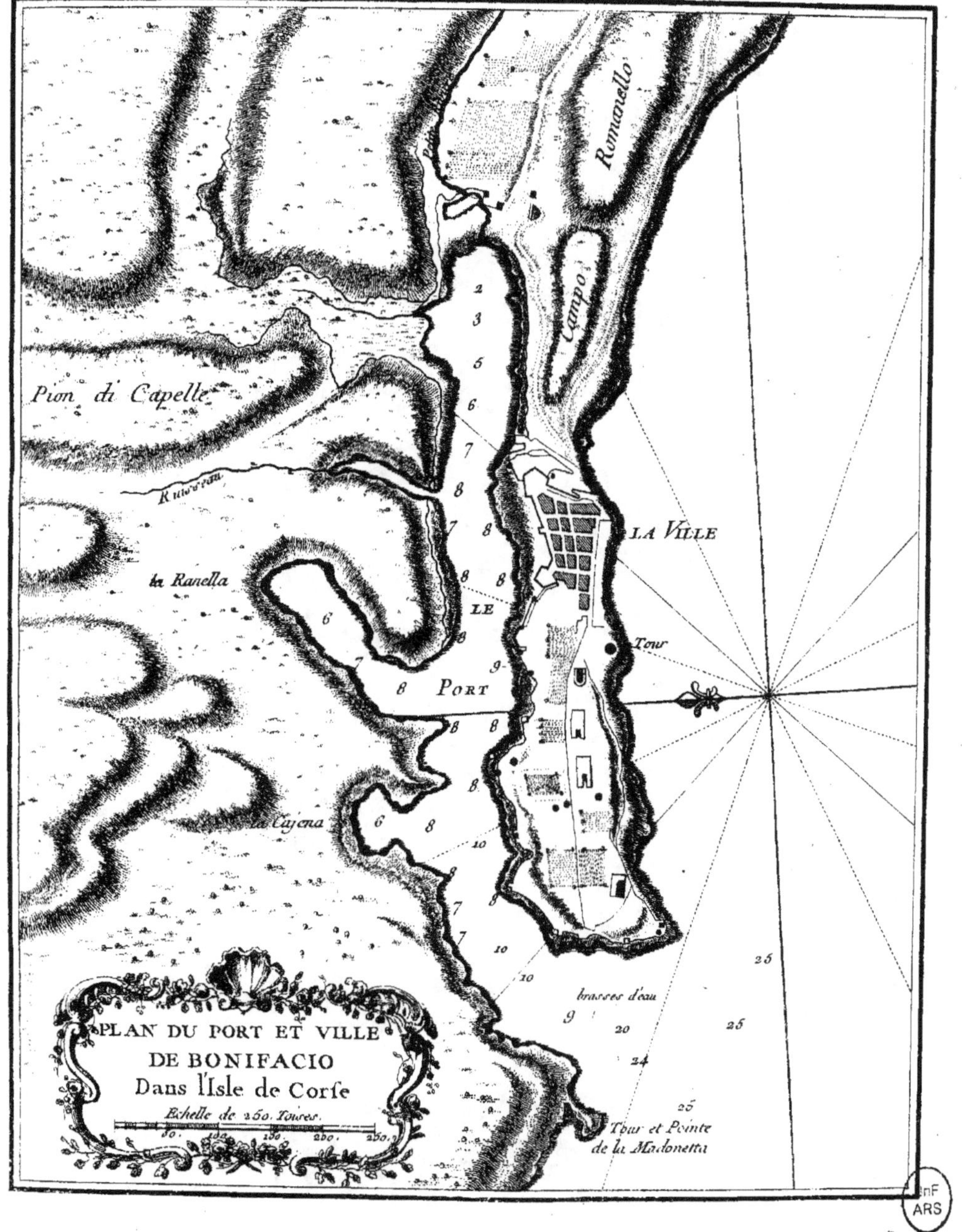


PLAN DU PORT ET VILLE
DE BONIFACIO
Dans l'Isle de Corse
Echelle de 250 Toises.

Pl. XXVI.
Porto vechio
Etangs
Fort
la Pointe Rouge
T. S. Benôit
Fond d'herbe et Matte
Rivière
R. ou l'on fait l'eau
PLAN DE PORTO VECHIO Dans l'Isle de Corse
Echelle de 500 Toises
S. Benedetto
Tour
Tour S. Cyprien
pte S. Cyprien
Cap de la Chiapa
Chiappino
Petite Passe
Grande Passe
Passe du Nord
Isles S. Cyprien
La Galere ou Pecorelle
Le Ratonra
BnF ARS

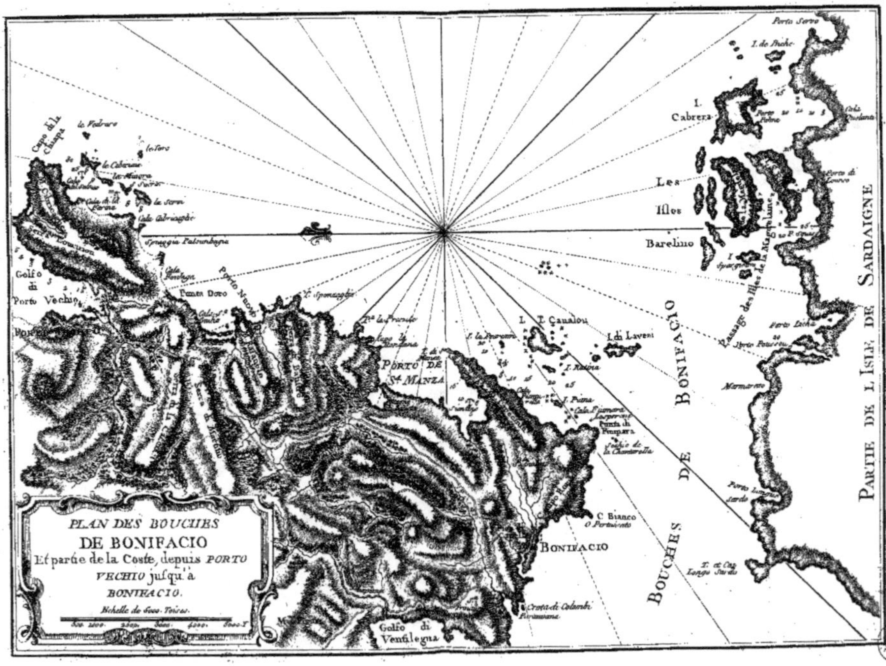

PLAN DES BOUCHES
DE BONIFACIO
Et partie de la Coste, depuis PORTO
VECHIO jusqu'à
BONIFACIO.
Echelle de 6000. Toises.
500. 1000. 2000. 3000. 4000. 5000. T.
Capo de la Chiapa
le Fedraro
le Toro
le Cabanne
le Ausora
Suiras
Cala di S.ta Florene
la Torra
Cala Gabruaghe
Spiaggia Palumbagia
Golfo di Porto Vechio
BONIFACIO
Punta Doro
Porto Novo
Cala Portigua
2.a Sponzaglia
1.a Sponzaglia
P.ta la Pruda
I. la Perouara
I. l. Caualou
I. di Laueni
I. Ratina
Montana
PORTO DE S.t MANZA
I. Piana
Cala Sperone
Punta di Pompara
Golfo de la Chiarorella
C. Bianco
O Portoviento
BONIFACIO
Crota di Colombi
Fontanana
Golfo di Ventilegna
Porto Serro
I. de Buche
I. Cabrera
Les Isles
Barelino
I. de la Maddalena
I. Spargiotto
Passage des Isles de la Maddalene
Porto Palma
Cala Puelanta
Porto di Loureo
BOUCHES DE BONIFACIO
Porto Licha
Porto Pouzeto
Marmarmo
Porto lungo sardo
I. et Cap Longu Sardo
PARTIE DE L ISLE DE SARDAIGNE

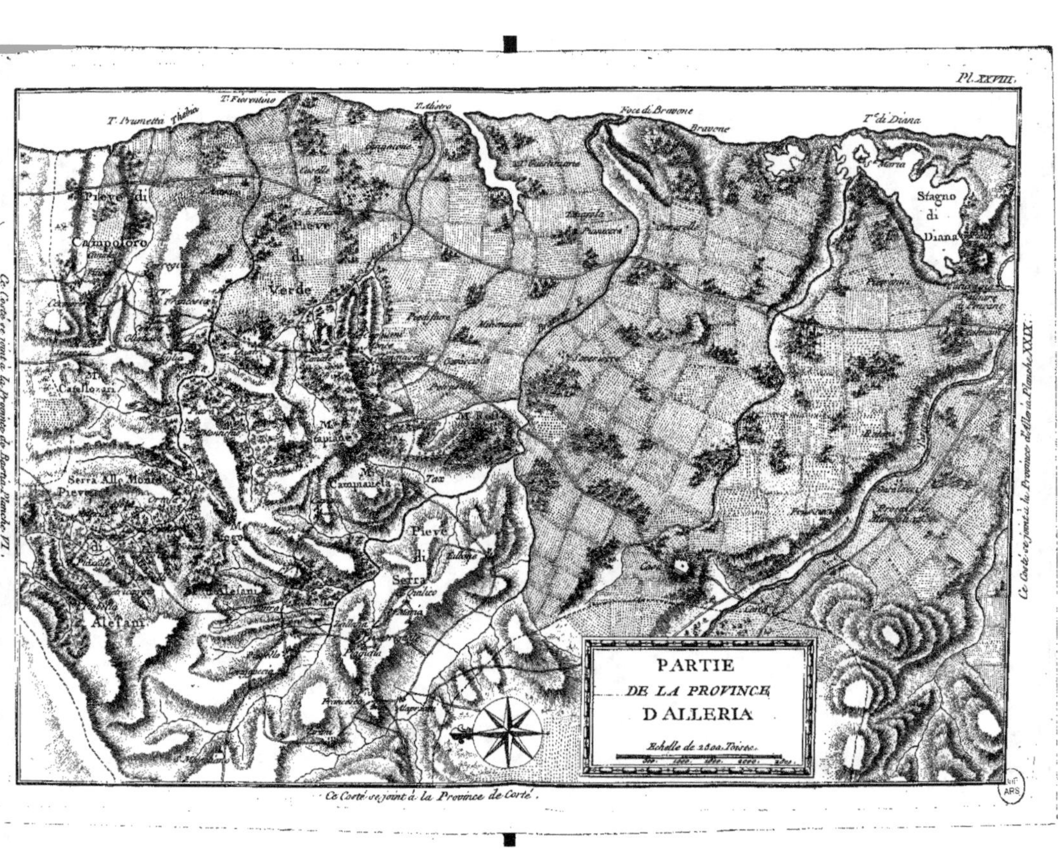
PARTIE
DE LA PROVINCE
D'ALLERIA
Echelle de 2800. Toises.
Ce Corté se joint à la Province de Corté.
Ce Corté se joint à la Province de Bastia. Planche VI.
Ce Corté se joint à la Province d'Alleria. Planche XXIX.
T. Prunetta
Thalna
T. Fiorentino
T. Abietro
Foce di Bravone
Bravone
T. di Diana
Pieve di Campoloro
Stagno di Diana
S.ta Maria
Verde
Serra Alle Monte
Pieve
Catellazari
Catanauda
Pieve di
Serra
Gulice
Piana
Alefani
Campoloro

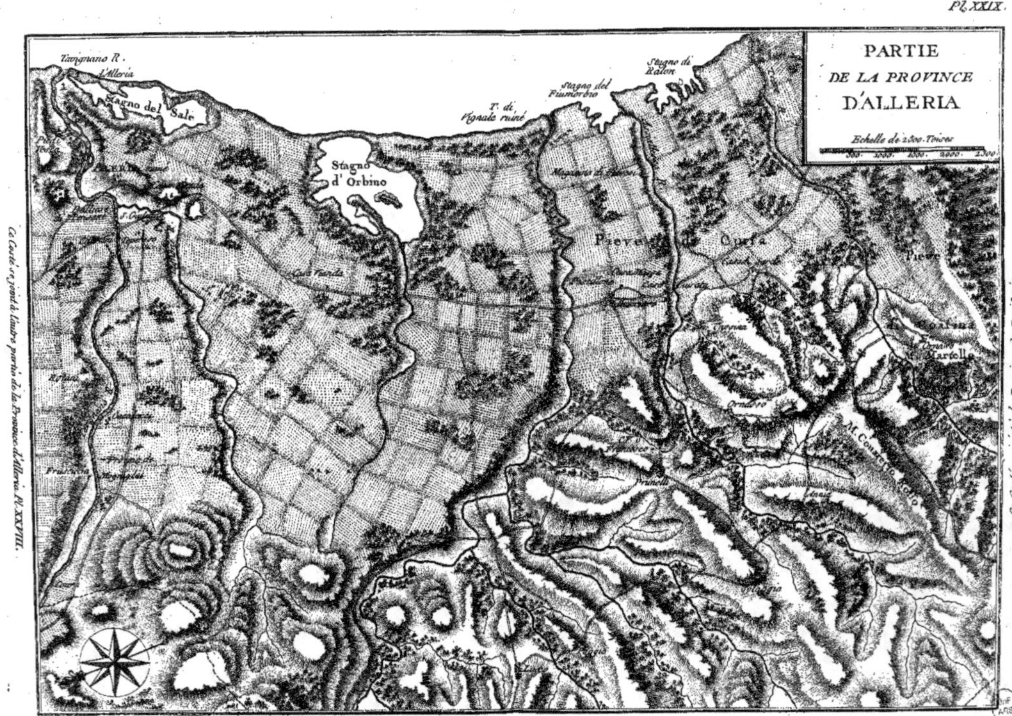
PARTIE
DE LA PROVINCE
D'ALLERIA
Echelle de 2500 Toises
Tanquano R.
L'Alleria
Stagno del Sale
Stagno d'Orbino
T. di Vignale ruiné
Stagno del Fiumorbio
Stagno di Ralon
Pieve
Ce costé se joint à l'autre partie de la Province d'Alleria Pl. XXVIII.
Ce Costé se joint à la Province de Bonifacio.
Ce costé se joint à la Province de Corté et Ajaccio.

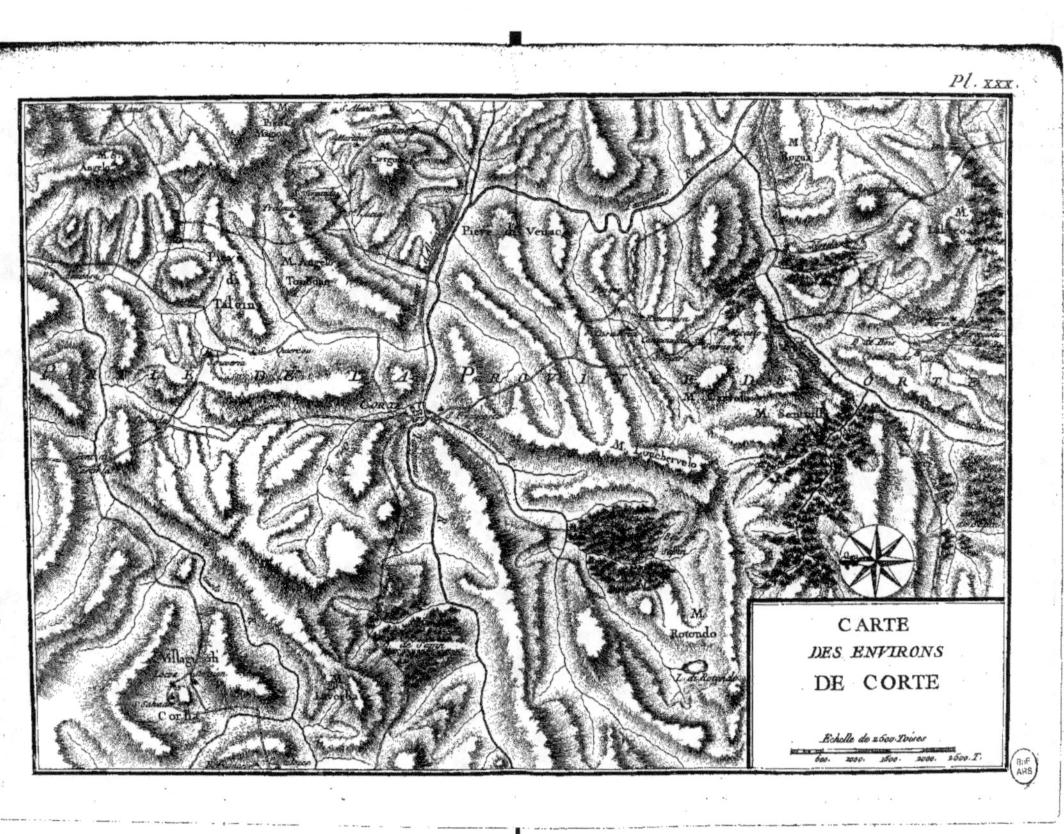


CARTE DES ENVIRONS DE CORTE

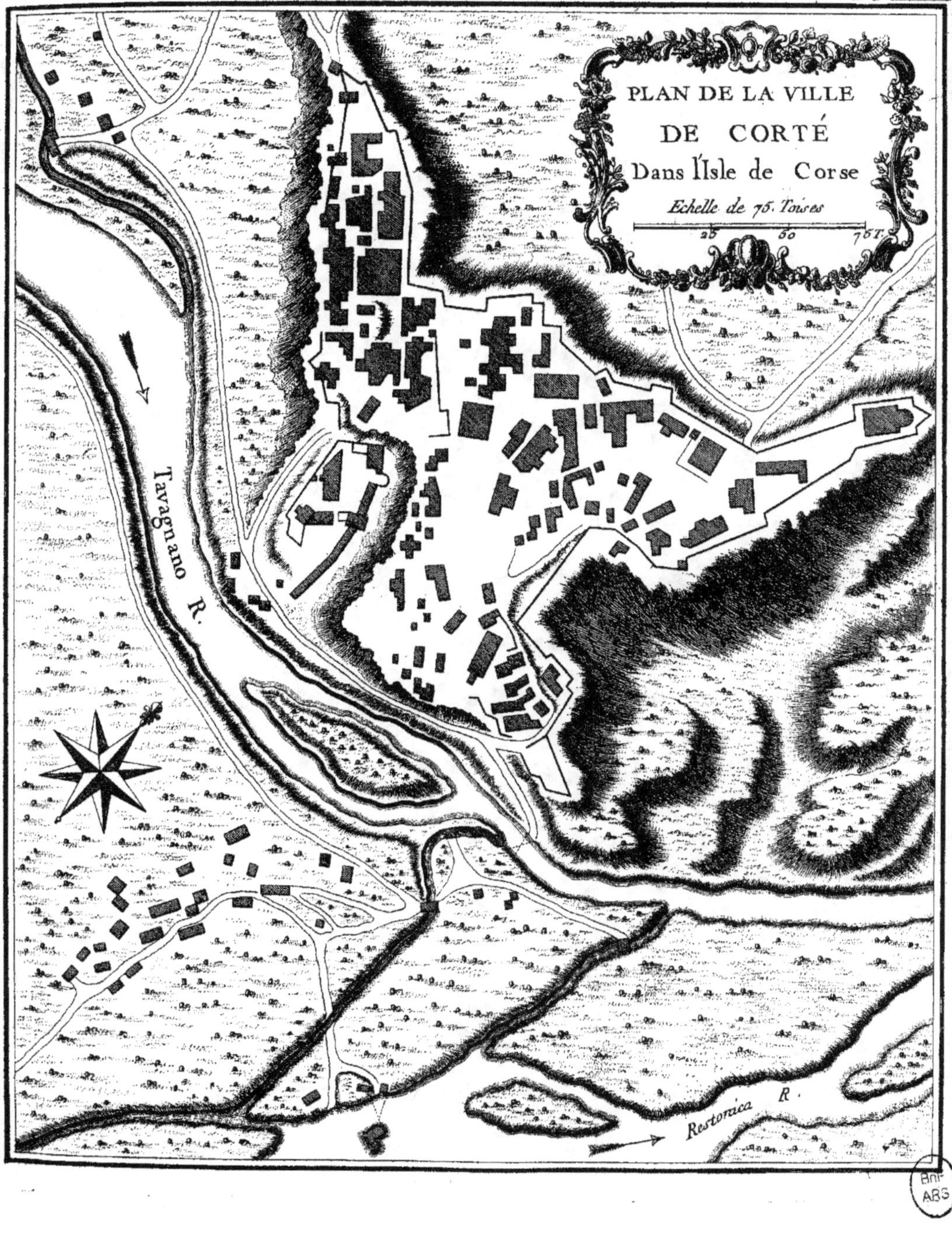

PLAN DE LA VILLE
DE CORTÉ
Dans l'Isle de Corse
Echelle de 75. Toises
25    50    75 T.
Tavagnano R.
Restonica R.

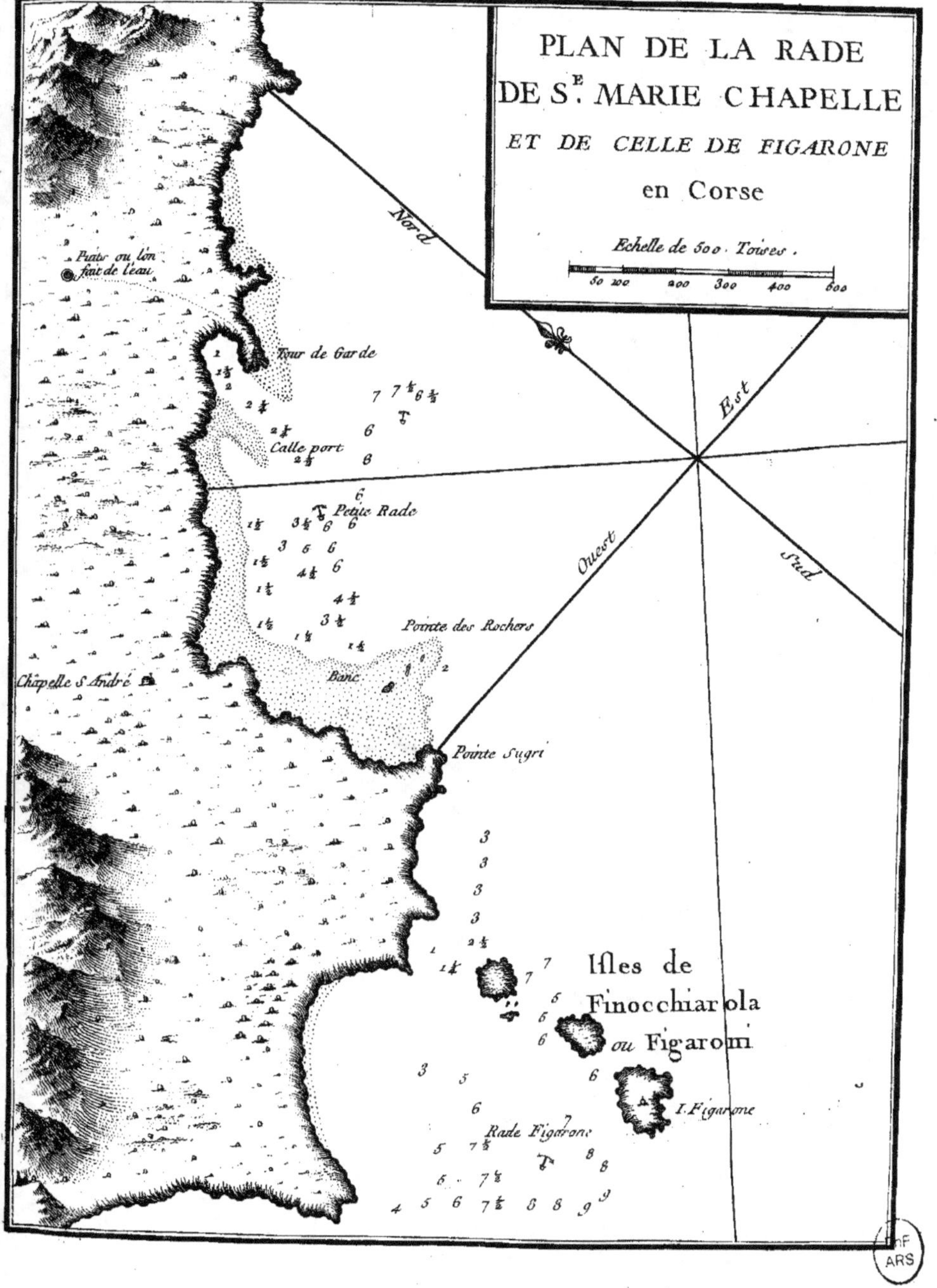
PLAN DE LA RADE
DE S.ᵉ MARIE CHAPELLE
ET DE CELLE DE FIGARONE
en Corse
Echelle de 500 Toises.
50 100    200    300    400    500
Nord
Est
Ouest
Sud
Puits ou l'on fait de l'eau
Tour de Garde
Calle port
Petite Rade
Pointe des Rochers
Banc
Chapelle S.ᵗ André
Pointe Sugri
Isles de
Finocchiarola
ou Figaroni
I. Figarone
Rade Figarone

www.ingramcontent.com/pod-product-compliance
Lightning Source LLC
LaVergne TN
LVHW012204170726
843503LV00005B/1871